"三农"短视频

从入门到精通

肖 兰　刘承皓 著

西南财经大学出版社
中国·成都

图书在版编目(CIP)数据

"三农"短视频:从入门到精通/肖兰,刘承皓著.
成都:西南财经大学出版社,2025.2. --ISBN 978-7-5504-6615-9

Ⅰ.F724.72

中国国家版本馆 CIP 数据核字第 2025R1N670 号

"三农"短视频:从入门到精通

"SANNONG" DUAN SHIPIN:CONG RUMEN DAO JINGTONG

肖 兰 刘承皓 著

策划编辑:何春梅
责任编辑:肖 翀
责任校对:邓嘉玲
封面设计:墨创文化
责任印制:朱曼丽

出版发行	西南财经大学出版社(四川省成都市光华村街55号)
网 址	http://cbs.swufe.edu.cn
电子邮件	bookcj@swufe.edu.cn
邮政编码	610074
电 话	028-87353785
照 排	四川胜翔数码印务设计有限公司
印 刷	四川煤田地质制图印务有限责任公司
成品尺寸	165 mm×230 mm
印 张	12.25
字 数	146 千字
版 次	2025 年 2 月第 1 版
印 次	2025 年 2 月第 1 次印刷
书 号	ISBN 978-7-5504-6615-9
定 价	35.00 元

专家顾问委员会

总　序

在这片古老而又充满活力的土地上，稻穗金黄，麦浪翻滚，这是中国农业的生动写照。然而，随着时代的车轮滚滚向前，我们对这片土地的耕耘与期待也在不断升级，农业、农村、农民——"三农"问题一直是国家发展的重要基石，农业的现代化、农村的振兴、农民的素质提升，已成为推动社会进步的关键力量。西南财经大学出版社推出的"服务'三农'系列图书"正是在这样的大背景下应运而生旳，旨在为农业农村现代化发展提供智力支持和实践指导。

一、选题背景

2023 年，《农业农村部办公厅关于做好 2023 年高素质农民培育工作的通知》发布，这不仅是对农业人才的一次全面提升，更是对乡村振兴战略的有力支撑。我们看到了国家对于培养新时代农民的坚定决心和明确方向。高素质农民不仅要有扎实的农业知识，更要有创新精神和实践能力，能够在新的历史条件下，引领农业发展，促进农村繁荣，带动

"三农"短视频：从入门到精通

农民增收。我们深知，高素质农民的培养，不仅是知识的传授，更是精神的传承和实践的引领。

二、出版意义

"服务'三农'系列图书"的出版，正是响应国家号召，致力于培养具有现代视野、创新思维和实践能力的新型农民。我们希望通过本系列图书，为农民朋友以及投身农村建设的干部群众提供系统的学习资料，帮助他们在农业科技、经营管理、法律法规等方面获得全面的提升。

三、书系内容与结构

本系列图书分为两大类：一类是"培育现代化新农人图书"；另一类是"高素质农民培育与农业农村知识科普图书"。我们注重实用性与学术性的结合，力求让每一位读者都能在轻松阅读的同时，获得深刻的洞见。写作语言力求简洁明了，图书内容力求深入浅出，写作目标是让每一位农民都能轻松掌握图书内容。

培育现代化新农人图书：聚焦于新农人的创业实践和技能提升，包括《农产品直播带货：从入门到精通》《"三农"短视频：从入门到精通》以及《农产品电商教程：从入门到精通》等书籍。这些书籍将为农民朋友们提供实用的创业指导和技能训练，帮助他们在新经济形态下找到适合自己的发展路径。

高素质农民培育与农业农村知识科普图书：侧重于普及农业农村相关知识，包括《新时代"三农"金融知识100问》《乡村振兴战略与政策100问》等。这些书籍将帮助农民朋友们更好地理解农业政策，掌握

002

相关法律法规，促进农业与相关产业的融合发展。

四、对读者的期望与祝福

我们期望"服务'三农'系列图书"能够成为农民朋友们的良师益友，不仅在知识层面给予他们丰富的滋养，更在精神层面激发他们的创新意识和实践勇气。我们相信，通过不断的学习和实践，广大农民朋友都能够成为新时代的农业先锋，为实现乡村振兴战略贡献自己的力量。

愿"服务'三农'系列图书"能够伴随每一位农民朋友在农业现代化的道路上不断前行，共创辉煌。

愿"服务'三农'系列图书"成为连接知识与实践、传统与创新的桥梁，助力每一位农民朋友在新时代的农业发展中绽放光彩。

最后，我们向所有致力于农业农村发展的人致以崇高的敬意。

陈耿宣　张藜山

2024 年 8 月

前　言

根据 CNNIC《第 54 次中国互联网络发展状况统计报告》统计，截至 2024 年 6 月，我国网民规模接近 11 亿人（10.996 7 亿人），较 2023 年 12 月增长 742 万人；互联网普及率达到 79%，较 2023 年 12 月提升 0.5 个百分点。我国城镇网民规模达 7.95 亿人，占网民整体的 72.3%；农村网民规模达 3.04 亿人，占网民整体的 27.7%。网络在现代人的生活中不可或缺，农村网民的数量不容小觑。

短视频行业持续繁荣。随着短视频平台用户黏性不断增强，短视频电商业务稳步发展，商业化变现效率持续提高。截至 2024 年 6 月，短视频用户占网民整体的 95.5%。短视频还是新增网民"触网"的重要接触点，在新增网民群体首次使用的互联网应用中，短视频应用占比高达 37.3%。短视频用户增长迅速，体量庞大，"三农"短视频有着广泛的受众基础。

近年来，国家高度重视"三农"问题，大力实施乡村振兴战略，加大了对"三农"领域的补贴力度。党的二十大报告指出，要实施国家文化数字化战略，推进文化自信自强，铸就社会主义文化新辉煌。"三农"短视频以其独特的受众、创新的传播方式，成为农民特别是农村青年精神文化的一大来源，也成为社会主义文化强国建设的重要组成部分。与传统的传播媒介相比，短视频通过简洁、直观的方式，生动地展示了农村生活的点点滴滴以及农民的真实面貌。短视频不仅填补了城乡之间的信息鸿沟，也为农村青年提供了一个展示自我、传播家乡文化的平台。通过这些短视频，乡村的美丽风光、民俗文化、农业生产等得以广泛传播，农村青年的创新思维和生活智慧也得到了更多人的关注与认可。很多农村青年开始拍摄以家乡故事为主题的短视频，并将其发布到抖音、快手、B 站、西瓜视频等平台进行传播。许多优秀的"三农"短视频作品开始涌现。

尽管近年来短视频已成为当下最为火热的内容传播形式之一，但在广大的农村地区，网络条件相对滞后，信息技术的普及程度也较低，很多农民缺乏足够的技术设备和相应的知识技能，难以把相关素材通过短视频的形式生动地呈现出来。这不仅限制了农民通过短视频平台与外界进行交流，也阻碍了农村经济和文化在互联网时代的传播和发展。

为了帮助广大农民特别是新农人群体快速掌握摄影摄像和短视频制作的相关技术，笔者深入调研了当前农村地区的实际情况，并精心策划和撰写了本书。书中不仅涵盖了如何使用手机等便捷设备进行高质量的摄影摄像，还深入浅出地介绍了图片处理、视频剪辑等关键技能，力求使新农人能够通过简单的设备创作出富有吸引力的短视频作品。

本书具有以下特色。

（1）精心编排，定位零基础。在编排本书内容时，笔者充分考虑到初学者的接受能力，不求多，不求全，着重选择短视频制作全过程中必备、实用的知识进行讲解。引领读者快速掌握相关工具的使用方法与技巧。读者无须具备太多的理论基础，只要跟随教程学习即可轻松上手。

（2）案例主导，强化应用。本书以能力培养为目标，列举了大量精彩案例，使读者通过案例的学习，达到一学即会、举一反三的学习效果，让读者在实际操练中真正掌握所学内容。

（3）注重技能，学以致用。本书秉承"以应用为主线，以技能为核心"的宗旨，通过专业的体系结构划分和深入浅出的讲解，将复杂难懂的知识技能转化为能够让读者上手操作的内容。在操作性较强的部分配有图文和步骤解析，让读者在学中做，在做中学，学做合一。

作者

2024 年 8 月

目　录

1 "三农"的聚宝盆：短视频平台介绍

1.1 "三农"发展新风口：短视频和直播

短视频和直播市场的发展在过去三年中取得了显著成效，内容形式不断丰富，用户规模迅速扩大，平台竞争日益激烈。在技术驱动、内容生态、商业模式、社交互动和政策支持等多方面因素的共同作用下，短视频将继续保持强劲的发展势头，为用户提供更加丰富和优质的体验，同时也为"三农"领域带来更多机遇和可能性。

1.1.1 短视频的概念

短视频是一种继文字、图片、传统视频之后新兴的互联网内容传播形式，它融合了语音和视频，可以更加直观、立体地满足用户表达和沟通的需求，以及展示与分享信息的诉求。

短视频的内容时长相对较短，通常为几秒钟到几分钟，这使得短视频成为一种极为高效、简洁的传播方式。它的核心目标是在有限的时间内通过紧凑的叙事手法迅速传递信息或提供娱乐服务，这迎合了现代社会人们快节奏的生活方式。

短视频新兴平台百花齐放，呈现出以抖音、快手为主的"两超多强"的局面。图 1-1 所示为常见平台手机短视频截图，分别为抖音平台、快手平台、微信视频号用户发布的短视频的截图。

（a）抖音　　　　　（b）快手　　　　（c）微信视频号

图 1-1　常见平台手机短视频截图

与传统媒体不同的是，短视频不仅具备娱乐性，还兼具互动性和社交性。用户在观看短视频的同时，可以通过点赞、评论、分享等方式与创作者及其他用户互动。在平台的助推下，有些短视频还能够迅速走红。这种实时性和社交化传播特性，使得短视频成为当下最具影响力和参与感的新媒体传播形式之一，不仅适用于个人娱乐，也被广泛应用于新闻传播、知识分享、品牌推广等各个领域。

1.1.2　短视频市场现状

1.1.2.1　规模迅速增长

据 CNNIC《第 54 次中国互联网络发展状况统计报告》统计，截至 2024 年 6 月，我国网民规模近 11 亿人（10.996 7 亿人），较 2023 年 12

月增长 742 万人；互联网普及率达到 79%，较 2023 年 12 月提升 0.5 个百分点，如图 1-2 所示。

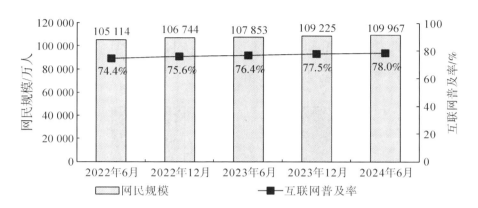

图 1-2　2022 年 6 月—2024 年 6 月我国网民规模和互联网普及率

截至 2024 年 6 月，我国城镇网民规模已达到 7.95 亿人，占全国网民总数的 72.3%，如图 1-3 所示。这意味着城镇地区的互联网用户数量占据了整体用户的绝大多数，充分反映了城市居民对互联网的广泛使用和依赖。随着城市化进程的加快和信息技术的不断普及，互联网在城镇的渗透率持续上升，越来越多的城镇居民将互联网作为获取信息、工作娱乐以及日常生活的重要工具。无论是社交媒体的活跃用户，还是电商购物的频繁消费者，城镇网民在推动互联网经济发展和技术创新方面发挥着不可忽视的作用。

与此同时，农村网民的规模也不容忽视。截至 2024 年 6 月，农村网民人数达到了 3.04 亿人，占全国网民总数的 27.7%。尽管这一比例较城镇网民偏低，但随着国家加大对农村地区信息基础设施的建设投入，以及乡村振兴战略的深入推进，农村互联网用户的增长势头将逐渐显现。越来越多的农民开始接触并利用互联网进行生产生活，比如通过电商平台销售农产品，通过短视频平台分享乡村生活，甚至通过互联网学习先进的农业技术和知识。这不仅丰富了农村居民的日常生活，也为农村经济发展注入了新的活力和动能。

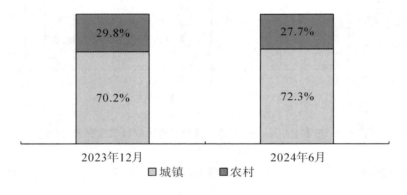

图 1-3　我国网民城乡结构

截至 2024 年 6 月，我国城镇地区互联网普及率为 85.3%，较 2023 年 12 月提升 2 个百分点；农村地区互联网普及率为 63.8%，如图 1-4 所示。

随着《数字乡村发展战略纲要》《数字乡村发展行动计划（2022—2025 年)》等政策文件的深入实施，农村网络基础设施建设纵深推进，各类应用场景不断丰富，促进农村互联网普及率稳步增长。

2022年6月　2022年12月　2023年6月　2023年12月　2024年6月
—●— 城镇地区互联网普及率　—○— 农村地区互联网普及率

图 1-4　我国城乡地区互联网普及率

一是农村网络基础设施持续完善。工业和信息化部深入推进电信普遍服务、"宽带边疆"建设等工作，不断提升农村及偏远地区通信基础设施供给能力。截至 2023 年年底，全国农村宽带用户总数达 1.92 亿户，全年净增 1 557 万户，比 2022 年增长 8.8%，增速较城市宽带用户高 1.3 个百分点。5G 网络基本实现乡镇及以上区域和有条件的行政村覆盖。

二是农村互联网应用场景持续拓展。新业态、新模式、新场景成为进一步繁荣农村经济、促进农民增收的重要抓手。我国农村电子商务稳步发展，2023 年全年农村网络零售额达 2.49 万亿元。"5G+智慧文旅"有效带动农村消费，提高农民收入。

随着网络基础设施的改善和智能手机的普及，农村地区的短视频和直播用户比例显著增加，农村地区成为短视频和直播用户增长的重要来源。截至 2023 年年底，中国短视频用户规模达到 9 亿人，较 2020 年的7.3 亿人增长了 23.3%。直播用户规模也达到了 7.8 亿人，比 2020 年的

6.2亿人增长了25.8%。

抖音、快手、淘宝直播等主流平台在农村地区的渗透率显著提高。快手2023年数据显示，超过50%的日活跃用户来自三线及以下城市和农村地区（这也是本书主要用该平台作为实践操作案例的原因）。

1.1.2.2　平台竞争激烈

1. 抖音和快手领跑市场

抖音和快手目前稳居中国短视频市场的领军地位，成为最受用户欢迎和喜爱的两大短视频平台。凭借着庞大的用户基础和广泛的市场影响力，这两大平台在短视频行业中占据了主导地位。2023年，抖音的日活跃用户（DAU）已经突破了6亿人，显示出其强大的用户黏性和较高的市场渗透率。与此同时，快手的日活跃用户也达到了3.5亿人，尽管相较于抖音稍逊一筹，但其庞大的用户规模同样表明了其在短视频领域的重要地位。

抖音和快手之所以能够在激烈的市场竞争中脱颖而出，得益于它们在内容生态和技术支持方面的持续创新与优化。两大平台不断丰富内容种类，涵盖了娱乐、教育、生活、购物等多个领域，极大地满足了用户多样化的需求。同时，通过精细化的算法推荐，平台能够根据用户的观看习惯和兴趣爱好推送个性化内容，提升用户的观看体验，进而保持较高的用户活跃度。

在技术方面，抖音和快手也通过不断改进和升级平台的拍摄工具、剪辑功能、滤镜和特效等，让普通用户能够轻松创作出专业水准的短视频。此类技术创新不仅降低了用户的创作门槛，还大大提升了内容的多样性和趣味性，从而吸引了更多创作者和观众的加入。

2. 电商平台的崛起

淘宝、京东、拼多多等电商平台近年来通过短视频和直播带货的创新方式，成功实现了用户数量和销售额的双重增长。这些平台不仅仅是传统的商品交易平台，其短视频和直播带货功能已经成为推动用户参与、提升品牌影响力和促进销量增长的重要手段。通过生动的内容展示和实时互动，用户能够更加直观地了解产品，从而大大增强了购物体验和购买欲望。

以淘宝为例，2023 年其直播业务取得了令人瞩目的成绩。数据显示，淘宝日均直播场次已经超过了 100 万，涵盖了从日用百货到高端奢侈品等各个品类的产品。直播带货不仅满足了消费者即时了解产品和快速购物的需求，还创造了一种全新的购物方式，使商家能够通过实时互动与观众建立更紧密的联系。消费者通过观看主播的详细讲解、现场演示和实际试用，能够更加清晰地了解产品的特点和优势，从而增强购买的信心。

更为重要的是，淘宝直播带动的销售额也迎来了显著增长。2023年，淘宝直播的全年成交额突破了 5 000 亿元，这一数字相较于 2020 年增长了 50%。这一增长不仅显示了直播带货的巨大市场潜力，也表明了电商平台与短视频和直播的深度融合，成功实现了商业模式的转型升级。这一趋势不仅为商家提供了更多元化的销售渠道，还为平台吸引了更多的年轻用户，进一步扩大了用户基础。

京东和拼多多等其他电商平台也不甘落后，纷纷通过短视频和直播带货模式拓展市场。京东在直播中强调品质消费和正品保障，吸引了大量中高端消费者；而拼多多则通过价格优势和团购模式，结合短视频展示和直播互动，吸引了广大下沉市场的用户。这些平台在利用短视频和直播带货方面的成功，不仅推动了电商行业的持续发展，也为未来的线上销售模式探索了更多可能性。

1.1.2.3 内容形式多样

1. 娱乐和资讯类内容为主

娱乐和资讯类内容是短视频和直播的主要内容，占据了大部分用户时间。

2023年，娱乐类短视频表现尤为突出，占据了总视频播放量的40%，牢牢把控着用户的休闲娱乐需求。娱乐类短视频内容丰富多样，涵盖了搞笑片段、音乐舞蹈、影视剪辑、游戏实况等多个细分领域，能够迅速抓住用户的兴趣点并带来高频次的观看互动。这类内容轻松有趣、时效性强，适合用户在碎片化的时间内观看，因而获得了极高的播放量和用户黏性。

排名第二的资讯类内容占据了25%的播放量份额。随着用户对实时信息获取需求的提升，资讯类短视频正逐渐成为许多人了解世界，获取新闻、时政热点、社会事件的主要方式。相比于传统的新闻阅读或电视新闻，资讯类短视频通过简短的形式和生动的视觉效果，在短时间内向用户传递核心信息，具有信息浓度高、传播迅速的优势。无论是重大国际新闻、财经动态，还是本地的突发事件，资讯类短视频都能够迅速传播，并通过评论互动进一步激发用户的讨论热情。

2."三农"内容崭露头角

"三农"领域的短视频和直播内容逐渐增多，成为平台的重要内容板块。2023年，"三农"相关视频播放量同比增长45%，直播带货的农产品成交额达到600亿元，占总成交额的12%。"三农"短视频和直播目前主要包括以下四类内容。

一是，农产品种植和养殖过程展示。通过短视频，农民能够生动地记录并呈现农产品从种植/养殖到收货/出栏的全过程。例如，农民可以展示农作物从播种到施肥、浇水、除草等的每一个细节，详细介绍农作物如何经过悉心照料和精心管理逐渐成长的过程。如图1-5所示，新农人展示了雷波脐橙从青涩到成熟的不同阶段。又如，农民可以展现把家畜、家禽从幼年饲养到成年再到出栏的各个环节，包括喂养、环境管理、疫病防控等。用户通过这些视频能够直观了解农民的辛勤劳动和农产品的生长周期，亲眼见证每一个重要的生产环节，如身临其境。

（a）青涩期

（b）成熟期

图1-5 雷波脐橙生长的不同阶段

对农产品种植和养殖过程的透明化展示能够极大增强消费者对农产品的信任感。在现代市场中，消费者越来越重视产品的来源和生产过程，尤其是对于食品类商品，人们更加关心其是否安全、绿色和有机。短视频通过真实的、无修饰的镜头，让消费者清晰地看到农产品的生产环境，感受到农民对土地的热爱和对作物、畜禽的精心呵护。这不仅打消了消费者对农产品质量的顾虑，还为他们提供了与农民直接互动的机会。在观看视频的过程中，消费者可以通过评论区与农民交流，提出问题，了解更多有关产品的细节，甚至可以通过直播进行下单购买。

二是，农村生活记录。这类短视频通过展示农村日常生活中的点滴，成功地吸引了大量用户的关注，尤其是城市居民的关注。这类内容涵盖了丰富多彩的农村日常，包括传统手工艺品的制作、热闹的农村节庆活动、宁静而美丽的田园风光等。通过这些视频，用户能够感受到农村生活的真实与质朴，发现其中独特的魅力。

同时，短视频还记录了许多正在逐渐消失的传统技艺，如编织草鞋、手工制陶、纺织、手工打铁等。这些技艺不仅承载了农村的文化传统，也展现了农民世代相传的智慧和劳动的价值。用户通过观看这些精湛的手工艺制作过程，不仅能够了解到这些技艺的历史和背景，还能领略到工匠们一丝不苟的精神和对手工艺的热爱。这类视频唤起了人们对传统文化的认同感，特别对于在城市中长大、对这些手工艺了解甚少的年轻人群体，更是激发了他们对传统手工艺的兴趣和好奇心。

除了手工艺展示，农村的节庆活动也是这类短视频的亮点内容。农村的节庆活动往往是欢乐和热闹的，具有传统文化的内涵。如图1-6所示的"打铁花"视频，就吸引了众多城市中的用户。这些节庆活动不仅体现了农村独特的风土人情，还传递了人与自然和谐共生的理念，展现了人与人之间的紧密联系。用户通过观看视频，仿佛身临其境，能够感受到那种浓厚的乡村情感，体验到农村社区的团结与热情。

图 1-6　民俗表演"打铁花"

此外，田园风光也是吸引观众的重要元素。通过短视频，观众可以看到蓝天白云下的广袤田野、绿意盎然的农田、宁静的河流以及恬静的村庄，这些画面不仅令人心旷神怡，也让身处城市喧嚣中的观众感受到一种久违的宁静与放松。对于习惯了快节奏生活的城市居民来说，这些田园风光让他们暂时摆脱了城市的压力，重新回归自然。

三是，农业技术推广。包含这类内容的短视频直观地向农民传播技术知识。通过短视频，农业技术变得更加生动、易懂，极大地提升了农业技术知识的普及率与实际应用效果。与传统的文字或图片教学相比，短视频不仅能以更直观的方式展示操作流程，还可以通过农民的实地演示和详细讲解，让观众更清晰地理解技术要点与实践操作步骤。

在农业技术推广视频中，农业技术专家、科研人员以及经验丰富的农民，成为重要的知识传递者。他们通过短视频，分享自己多年来积累的农业技术经验以及创新的种植或养殖方法。例如，如何科学施肥、防治病虫害，如何掌握节水灌溉技术、土地轮作技巧等复杂问题，通过短视频的讲解，变得不再高深难懂。农民可以通过这些短视频直观地了解每一个操作步骤，甚至跟随视频同步学习和实践。

此外，短视频的互动功能让农业技术推广更加贴近实际。在短视频的评论区，用户可以提出自己在农业生产中遇到的实际问题，技术专家或其他有经验的农民则可以针对这些问题进行一对一的解答。这种即时互动，不仅能够解决具体问题，还能形成良好的农业知识共享社区。通过这些短视频，不同地区的农民不再局限于自己狭小的生活圈，而是可以吸收来自全国各地的先进农业技术和经验，大大拓宽了自己的视野，增加了技能储备。

这些农业技术推广视频也帮助农民更快地接受和应用现代农业科技，如利用无人机喷洒农药、使用自动化农机设备以及智能化温室大棚等。通过直观的视频展示，农民能够看到这些新技术的实际操作和应用效果，从而更加自信地将这些科技引入自己的生产，提升农业生产的效率和收益。同时，这些视频还能介绍最新的农业政策、市场动向和政府的农业扶持计划，从而帮助农民及时调整生产策略，抓住市场机遇。

四是，农产品深加工和美食制作。通过短视频的形式，农产品的附加值和吸引力得到了显著提升。农产品深加工和美食制作类的短视频展示了农产品从原材料到成品的整个加工过程，生动地展现了如何将简单的农产品转化为美味的食品，吸引了大量消费者的关注和兴趣。在这些视频中，农产品不再是初级的种植或养殖成果，而是通过精心的加工和烹饪，变成了色香味俱全的美食。这种展示方式能够激发用户的购买欲望，从而推动农产品销量的提升。如图 1-7 所示，沿海农民通过短视频展示制作生腌蟹的过程，令人胃口大开。

（a）剁蟹　　　　　　　　　　　　　　（b）腌蟹

图 1-7　生腌蟹制作

　　短视频展示的农产品深加工过程，通常是创新的加工方法和传统工艺的结合。例如，简单的农产品如大米、小麦、土豆、玉米等，通过精细加工，能够制作出诸如米粉、面条、薯片等高附加值的食品。这些加工过程通过视频的形式逐步展示，让消费者对生产环节有了更深入的了解，并对农产品的质量和制作工艺产生了信任感。同时，视频中往往会融入一些文化和地域元素，如地方特色的传统食品加工，进一步提升了农产品的文化价值和市场吸引力。

　　而美食制作类短视频则更是通过创意和技巧的展示，充分调动了观众的食欲。视频内容通常从农产品的选择开始，接着展示如何精心搭配食材，并通过各种烹饪方法将其变成一盘盘诱人的佳肴。无论是传统家常菜，还是融合了现代烹饪理念的新潮美食，含有这类内容的视频总能带给观众强烈的视觉冲击，让他们跃跃欲试。观众不仅能通过视频学到新的烹饪技巧，还能对农产品的多样性有更全面的了解。尤其是在观看视频中农产品转化为美食的整个过程后，消费者更能直观地感受到农产品丰富的营养价值和多样的口感体验，这也为农产品打上了"健康""绿色"的标签。

这类视频的传播还有效地推动了农产品的品牌建设和市场拓展。一些农产品生产者或美食博主通过展示如何将本地特色农产品转化为美食，形成了自己独特的品牌特色，吸引了大量忠实粉丝。消费者在欣赏美食制作的同时，也往往会对这些农产品产生好奇和购买的欲望，进而通过短视频平台直接下单购买。通过这种线上展示与销售相结合的方式，农产品的市场空间被大大拓展，不再局限于在当地的农贸市场中销售，而是通过互联网触达了更广泛的消费者群体。

1.1.3 短视频和直播行业未来的发展趋势

1.1.3.1 政策行业支持

1. 政府政策引导

政府进一步加大对短视频和直播行业的支持力度，不断出台相关政策，以推动数字经济与传统产业的深度融合。这不仅有助于促进短视频和直播平台的快速发展，还使这些新兴行业在更广泛的领域发挥作用，尤其是在推动农业、农村经济发展方面。未来，政府将通过一系列的政策引导和扶持措施，促使短视频和直播技术在农村地区的广泛应用，帮助农民和农村企业借助这些数字工具提升生产效益、拓宽销售渠道。

其中，农村地区的网络基础设施建设将成为政策扶持的重点之一。为了使广大农村用户能够享受到与城市用户同等的网络服务，政府将加快推进农村地区 5G 网络、宽带网络的建设和覆盖力度，确保每个偏远地区都能拥有稳定的高速网络连接。与此同时，政府还将推动智能手机等数字设备在农村的普及，让更多农民具备参与数字经济的硬件条件。这种基础设施的改善，将为农村地区全面融入短视频和直播产业链提供坚实的技术支持。

除了硬件方面的提升，政府还将着重推动农村用户的数字技能培训，为农民提供更多参与短视频创作和直播运营的机会和支持。为此，各级政府要通过设立专项培训项目，组织专业团队到农村开展实地培训，教会农民如何利用智能设备进行短视频拍摄、剪辑和发布，帮助他们掌握直播带货的技巧。此外，政府还应通过线上线下结合的方式，提供关于短视频内容制作、社交平台运营、电子商务营销等方面的专业指导，帮助农民不断提升数字技能，从而更好地利用互联网进行农产品销售和品牌推广。

2. 行业规范

随着行业的发展，短视频和直播行业的规范化和标准化将进一步加强。平台将加大内容审核和治理力度，确保内容的真实性和合法性。政府和行业协会将出台相关法规和标准，规范行业行为，保护用户权益。

1.1.3.2　核心技术驱动

1. 5G 网络普及

随着 5G 网络在全国范围内的全面覆盖，短视频和直播行业将迎来质的飞跃，尤其是流畅度和清晰度将显著提升。5G 网络以其超高速率和低延时的优势，彻底突破了当前短视频和直播的技术限制，使高清视频的传输成为常态，同时极大地优化了用户的观看体验。无论是观看者还是创作者，5G 网络带来的技术提升都将让他们感受到更加沉浸的互动与内容消费体验。

首先，5G 的高带宽可以支持超高清视频的无卡顿播放。用户在观看短视频和直播时，将享受到更清晰、更细腻的画面质量，细节的呈现更加逼真，色彩更加丰富。对于视频创作者来说，这意味着可以创作出更高质量的内容，无须再担心画质压缩带来的失真或模糊现象。无论是农产品展示、景区风光直播，还是烹饪、手工艺等细致的操作过程，都能够通过 5G 网络以高清晰度展现，带给人身临其境的视觉感受。

其次，5G 的低延时特点将大大优化直播互动的实时性。传统网络环境中，直播的互动环节常常会出现几秒钟的延迟，影响了用户与主播之间的即时交流。而在 5G 环境下，这种延时将几乎被消除，用户在直播中的评论、提问等互动能够即时传递，主播也能迅速做出回应。这种快速反馈机制，不仅提升了用户的参与感，还增强了直播的互动性和娱乐性，进一步拉近了用户与内容创作者之间的距离。

2. AI 技术的应用

人工智能（AI）在短视频和直播行业中扮演着越来越重要的角色，

并显著改变了这一领域的工作流程和用户体验。

首先，AI 的智能推荐系统已经成为各大短视频平台不可或缺的一部分。通过分析用户的观看历史、点赞和评论等行为数据，AI 可以深入了解用户的兴趣和需求，并根据这些信息精确地推送个性化内容。这种精准的推荐机制不仅优化了用户的观看体验，还极大提升了平台的活跃度和用户留存率。

其次，在内容审核方面，AI 技术的运用大大提高了审核效率和准确性。传统的人工审核方式不仅耗时，而且容易出错，而 AI 的自动化审核系统能够快速筛选出不符合平台规范的视频，如带有暴力、色情元素或敏感政治问题的视频，从而有效保障平台内容的安全性和合法性。这种实时、自动化的审核系统，不仅减少了人工成本，还能确保平台内容的合规性。

再次，AI 在视频制作领域的应用同样广泛。AI 智能剪辑技术已经能够根据视频的内容和节奏自动进行剪辑，省去了大量人工操作时间；同时通过添加各种特效和滤镜，普通用户也能轻松制作出专业水准的视频。AI 还可以根据不同的用户群体喜好，为视频增加不同的背景音乐、字幕和动态效果，使得视频更加吸引人。对于直播来说，AI 可以实时生成字幕、优化画质和音质，甚至根据用户的互动情况自动调整直播内容，让主播与观众的互动更加紧密和自然。

最后，AI 可能还会进一步创新短视频和直播的互动形式。例如，AI 虚拟主播正在逐渐成为潮流。这些由 AI 驱动的虚拟角色可以与用户实时互动，甚至进行自主直播，大大丰富了平台的内容形式。AI 的图像识别和自然语言处理技术水平也将不断提升，使得直播和短视频的内容更加生动、智能化。

3. VR/AR 技术的融合

虚拟现实（VR）和增强现实（AR）技术的应用正在彻底改变短视频和直播行业，为用户带来前所未有的沉浸式体验。这些技术的加入，不仅丰富了内容的表现形式，还显著提升了用户的观看体验和互动参与度。通过 VR 技术，用户仿佛置身于直播现场，可以享受 360 度全景视角，获得更为真实的空间感知。无论是观看音乐会、体育赛事，还是旅游景点直播，VR 都会让用户不再是"旁观者"，而是参与者。用户能够自由选择自己的观看角度，探索虚拟环境的每一个细节，极大增强了内容的趣味性和互动性。

此外，AR 技术的应用为直播带来了更具创意的互动方式。通过AR，虚拟元素可以被叠加到现实场景中，主播可以与这些虚拟对象实时互动，使得直播更加生动有趣。例如，主播可以在直播中展示虚拟的商品、宠物或卡通人物，与用户进行"面对面"互动。这种技术不仅增强了直播的视觉效果，还为用户提供了更多的参与机会。用户可以通过手机或其他设备，将虚拟物品与真实环境结合，增强了参与感和直播的趣味性。在购物直播中，AR 还可以让用户通过虚拟试穿、试用等方式，更直观地感受商品的效果，提升购买体验。

对于短视频创作者而言，AR 和 VR 技术让他们能够更加自由地发挥创意，打破了传统视频拍摄的限制。例如，AR 特效可以为短视频增添各种新颖的视觉元素，创作者可以在现实场景中加入虚拟物体、场景或人物，使得视频内容更加丰富多彩。VR 则允许用户在虚拟空间内自由探索视频内容，而不再局限于固定的镜头视角。这种沉浸式的观看体验，极大地增加了视频的吸引力，也为创作者提供了更广阔的创作空间。

1.1.3.3　商业模式变化

1. 电商与直播深度融合

短视频和直播带货将继续保持高速增长，成为电商的重要模式。品牌和商家将更加重视短视频和直播的营销策略，通过直播间限时折扣、秒杀活动等方式提升销售转化率。未来，电商直播将不仅限于农产品和日用品，还将扩展到高端奢侈品、汽车等领域。

2. 广告和会员制发展

广告和会员制将成为平台的重要收入来源。平台将通过精准广告投放，实现更高的广告收入。同时，会员制将提供增值服务，如无广告观看、专属内容、提前观看等，提升用户体验并增加平台收入。

3. 数据驱动的精准营销

通过大数据分析，平台将实现更加精准的用户画像和行为分析，从而实施精准营销。广告主和商家可以根据用户的兴趣和需求，制订个性化的营销方案，提高广告效果和用户转化率。

1.1.3.4　社交互动创新

1. 社交化趋势明显

短视频和直播将更加社交化，用户不仅是内容的消费者，也是内容的创造者和传播者。评论、分享、点赞等互动形式，能够增强用户黏性，营造更和谐的社区氛围。平台将推出更多社交功能，如群组讨论、实时互动等，提升用户的参与感。

2. 社交电商崛起

社交电商将在短视频和直播中占据重要地位。用户通过分享和推荐购买商品，平台则通过社交互动提升销售转化率。未来，社交电商将更加注重社区运营和用户体验，以打造高黏性的消费社区。

1.2 "三农"短视频好助力：农产品销售的热门平台

近年来，短视频凭借其内容丰富多样、用户黏性高、互动性强等特点吸引了大量用户。抖音、快手、小红书、微信和哔哩哔哩等短视频平台在农产品销售方面各具特色。它们通过庞大的用户基础、强大的互动功能和精准的推荐算法，帮助农民和农业企业提升农产品的曝光率和销售量。

1.2.1 抖音

抖音是由字节跳动孵化的一款音乐创意短视频社交 App，是目前中国最受欢迎的短视频平台之一，拥有庞大的用户基础。截至 2023 年年底，抖音的日活跃用户超过 6 亿人。该 App 于 2016 年 9 月上线，面向全年龄层用户。用户可以通过这款 App 选择背景音乐来创作属于自己的短视频作品，而抖音平台会根据用户的兴趣爱好更新、推送用户喜欢的短视频。

抖音采用去中心化的分发逻辑，首先给所有用户推荐短视频都是从小流量池开始，接着选取流量较大的短视频，为其分配更大的流量池，最后把内容最优质的短视频推荐到首页。这种基于内容质量的分发逻辑很容易产生"头部效应"，因为大部分"网红"拥有专业的团队和大量的粉丝，他们创作的短视频质量比较好，所以最容易也最早被用户看到。

抖音在农产品销售中的应用包括如下三个方面。

一是农产品展示和推广。农民和农业企业利用抖音平台展示农产品从种植/养殖到加工、制作的全过程，帮助消费者直观地看到产品的生产环节。这种透明化的呈现方式，不仅让消费者更加深入地了解农产品的来源和品质，还有效地增强了他们对产品的信任感。这种方式使农民和企业与消费者之间的距离被缩短，产品的真实性和可靠性得到了更好的传递。

二是直播带货。抖音的直播功能为农产品销售提供了新渠道。通过直播，农民可以实时与观众互动、回答问题、展示产品，从而提升销售转化率。

三是营销活动和挑战赛。抖音经常举办各种营销活动和挑战赛，如"带货挑战""农产品促销节"等，以吸引用户参与并增加产品曝光度。

例如，四川省雷波县的张先生通过抖音短视频展示了雷波脐橙的采摘过程，吸引了大量消费者关注和购买，提高了产品销量（见图1-8）。

图 1-8　雷波脐橙的采摘

1.2.2　快手

　　快手是北京快手科技有限公司开发的短视频软件，其前身是"GIF快手"，创建于 2011 年 3 月，最初是一个用于制作和分享 GIF 图片的应用程序。2012 年 11 月，"GIF 快手"从纯粹的图片工具 App 转型为短视频 App，正式更名为"快手"。快手的用户群体中有很大一部分来自三线及以下城市和农村地区，这使得它在推广农产品方面有天然的优势。截至 2023 年年底，快手的日活跃用户超过 3.5 亿人。

　　快手是一个面向所有普通用户的平台，它的定位为"记录世界记录你"，开屏界面的文案是"拥抱每一种生活"。快手鼓励每一个用户记录和展示自己的生活，给予每个用户平等的曝光机会。快手平台主要具有以下特点。

一是全面性。快手早期主要面向三线及以下城市和广大农村地区的用户群体，为这些群体提供直接展示自我的平台，是非常适合农民朋友"进圈"的平台。

二是原生态。快手并未采用以名人为中心的战略，没有将资源向粉丝较多的用户倾斜，没有设计级别图标对用户进行分类，没有对用户进行排名。快手希望营造轻量级、休闲化的氛围，鼓励平台上的所有人表达自我、分享生活。

三是算法决定优质内容。快手平台没有任何人工团队去影响内容推荐系统，完全依靠算法来实现个性化推荐。这种算法推荐机制能够最大限度将"三农"视频的特色展现出来。

快手在农产品销售中的应用包括如下三个方面。

一是农产品展示和推广。快手短视频的主要受众群体集中在三线及以下城市和广大农村地区，其中农民用户占据了相当大的比例。这类用户在快手平台上找到了适合自己的内容与表达方式，逐渐形成了具有鲜明地方特色的社区文化。快手之所以能够吸引和留住这些用户，主要得益于其操作简便、内容接地气且贴近生活的特点。快手的视频内容多元化，涵盖了农村生活、农产品种植、农业技术分享等与农民日常生活息息相关的内容。这些真实且富有烟火气息的视频让农民用户倍感亲切，能够产生共鸣。

二是直播带货。快手同样具有直播带货功能，为农产品销售开辟了新的渠道。借助直播，农民能够与观众进行实时互动，直接展示和介绍产品，及时解答观众提出的问题。这种方式让消费者对产品有了更直观的了解，有助于增加信任感，同时显著提高了销售转化率。通过直播，农民能够更好地推介自己的农产品，实现快速销售，增强了产品推广的效果。

三是社区氛围助力。快手的社区氛围良好，用户之间的信任度高，农民可以通过展示真实的农村生活和农产品，与观众建立紧密的联系。

例如，河南的红薯种植户通过快手短视频展示红薯的种植、收货过程，吸引了大量粉丝，在直播中实现了可观的销售额（见图1-9）。

（a）种植　　　　　　　　　　　（b）收获

图1-9　红薯的种植和收获

1.2.3　小红书

小红书创立于2013年，其以独特的社区氛围和用户生成内容（UGC）为核心，通过图文、短视频和直播等形式，帮助用户发现和分享生活中的美好事物。

小红书是"种草"平台，具有很强的社交"种草"和发布笔记的"基因"，用户主要以发布图片和照片的形式记录生活和分享日常。小红书用户看到"种草"内容后，就知道了一个品牌，并且有了相应的需求，然后会决定是否选择这个品牌、是否下单，从而形成一个闭环，让用户一步到位。小红书涵盖了美妆、时尚、旅行、美食、健身等多个领域的内容，在年轻女性用户中尤为流行。如果将农产品的短视频和图文内容发布在小红书上，展示健康、绿色的生活方式，就能够吸引更多目标用户。

小红书在农产品销售中的应用包括如下三个方面。

一是农产品"种草"。所谓"种草"，就是用户向他人分享商品、景区游览过程、手工制作体验等，使他人感兴趣，进而产生购买或消费的欲望。农民和农业企业可以通过小红书对农产品的种植和生产过程进行分享，展示农产品的特点和优势，向用户"种草"。用户在被"种草"后，就需要回到现实生活中去体验（"拔草"），这样就形成了闭环的消费链。

二是生活方式关联。小红书的用户注重生活品质，农民和农业企业通过小红书展示健康、绿色的有机农产品等，能够吸引注重健康的用户群体。

三是社交电商。小红书的电商功能使得用户可以直接购买平台上推荐的农产品。通过平台的推荐和用户的口碑传播，农产品可以迅速获得曝光和销售机会。

例如，江西省婺源县 2024 年 9 月开始邀请小红书旅游达人制作精美的短视频，以"有一种晒秋叫婺源"为话题，宣传婺源的美食美物美景，成功吸引了大量喜爱乡村风景的游客。婺源风景区的知名度得到了大幅提升，游客量再创新高（见图 1-10）。

图 1-10　婺源风光

1.2.4　微信

微信（WeChat）首次发布于 2011 年，是由腾讯公司开发的一款多功能社交应用软件，集即时通信、社交媒体、移动支付、短视频、直播等多种功能于一体，是中国用户使用最多的应用软件之一。

微信视频号依靠微信巨大的用户流量，已经逐渐发展成一个依托于微信社交生态的全新短视频平台。其具有私域流量优势明显、用户定位精准、转化率高等特点。微信视频号的优势就在于和微信生态紧密相连，可以通过一系列手段实现"强触达""多复购"。如果发布的视频内容足够优质，并有大量的用户点赞和评论，甚至主动将视频转发到朋友圈或微信群，那么视频就有很大概率得到算法的主动推荐，从而在更大范围内传播。

微信朋友圈是微信的一个社交功能，于 2012 年 4 月 19 日更新微信 4.0 版本时上线。用户可以通过朋友圈发布文字和图片，也可以对好友发的图片或文字进行点赞或评论。微信中还能对朋友圈是否公开进行设置，这个功能是一个非常有效的用户隐私保护机制。

微信在农产品销售中的应用包括如下六个方面。

一是朋友圈。农民和农业企业可以通过个人或者企业的微信朋友圈分享农产品的图片和视频，展示产品的特点和生产过程，并鼓励朋友们点赞和转发。朋友之间的信任和推荐可以有效提升农产品的曝光率和销售转化率。

二是微信公众号。微信公众号是信息发布和用户互动的重要渠道。农民和农业企业可以通过公众号发布种植技巧、产品介绍、促销活动等内容，以吸引用户关注和购买。

三是微信小程序。农产品电商小程序可以在微信内运行，用户无须下载安装即可购物。小程序支持多种功能，如产品展示、在线支付、订单管理等，方便用户购买农产品。

四是微信视频号。微信视频号的作用和前面的社交媒体平台比较类似，用户可以在微信好友中推荐农产品的短视频和直播，展示产品的生产过程、特点和使用方法，以吸引观众关注和购买。

五是微信群。微信群可以用于农产品的社区运营和营销活动。通过建立微信群，农民和农业企业可以与消费者直接交流，进行产品推荐和促销活动。

六是微信支付。微信支付的便捷性使得用户可以轻松完成农产品的购买和支付，提升了购物体验和支付效率。

1.2.5 哔哩哔哩

哔哩哔哩（bilibili），是现代年轻群体高度聚集的文化社区和视频网站。该网站于 2009 年 6 月 26 日创建，被网友们亲切地称为"B 站"。B 站早期是一个 ACG（动画 animation、漫画 cartoon、游戏 game）内容创作与分享的视频网站。经过 10 多年的发展，其围绕用户、创作者和内容，构建了一个能够源源不断产生优质内容的生态系统。目前，B 站已成为涵盖 7 000 多个兴趣圈层的多元文化社区。用户群体主要集中在"90 后"和"00 后"，用户的黏性和信任度非常高。2018 年 3 月 28 日，哔哩哔哩在美国纳斯达克上市。2021 年 3 月 29 日哔哩哔哩正式在香港二次上市。

B 站在农产品销售中的应用包括如下三个方面。

一是教育和科普。B 站以年轻用户为主，用户活跃度高，因此 B 站上有大量的教育和科普内容，农民和农业专家可以通过平台分享农业技术、种植经验、农产品加工方法等，帮助其他农民提升技能、增加知识。

二是社区互动。B 站注重用户互动，农产品视频创作者可以通过弹幕和评论与观众进行交流，了解消费者需求和反馈，不断改进和优化产品和服务。

三是社会影响。B 站不仅是一个内容消费平台，还在社会公益、文化传播等方面发挥了积极作用。许多农民和农业企业通过 B 站进行宣传和活动推广，从而提高品牌影响力。

1.3 "三农"短视频直播质量评判的主要参数

虽然各大主流平台对短视频直播的质量认定模型略有差异，但大部分都基于如图 1-11 所示的要素来进行评分。

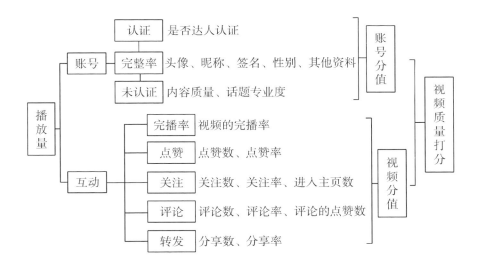

图 1-11 短视频质量评分主要参数

"三农"短视频直播间的运营需要综合考虑多个指标，包括观众数、互动量、转化率、留存率、直播间活跃度和技术指标等。这些指标不仅可以评估直播间的当前表现，还能为未来的直播内容和策略提供有价值的指导意见。不断的优化和调整，可以增强直播间的吸引力和销售效果，实现更好的运营成果。

以下是一些重要的运营指标，以帮助成功运营一个"三农"短视频直播间。

1.3.1 观众数

1.3.1.1 同时在线观众数

同时在线观众数（concurrent viewers）指的是在某一时间点同时观看直播的观众数量。这一指标是衡量直播间人气和吸引力的重要标准，直接反映出直播内容的受欢迎程度。

同时在线观众数越多，意味着直播内容对观众的吸引力越强烈，能够吸引大量观众在同一时间段内集中观看。这不仅可以提升直播间的热度，还能为直播间创造更好的互动氛围，增强观众的参与感和积极性。观众看到直播间内有大量同时在线的观众时，往往会受到这种热闹氛围的影响，更加愿意停留并参与互动，这种"从众效应"能够进一步增强直播的效果。

很多直播平台的推荐算法会优先推送那些拥有较多同时在线观众数的直播间。这意味着，若一个直播间的同时在线观众数较多，平台将更有可能将其推荐给更多潜在观众，形成流量的良性循环。这不仅能够增加直播的总体观众数，还能为直播间带来更多的销售机会和品牌曝光度。

1.3.1.2 累计观看人数

累计观看人数（total viewers）指的是在整个直播过程中，进入直播间并观看过直播的独立用户总数。与同时在线观众数不同，累计观看人数包括了所有曾经进入直播间的用户，而不仅仅是某一时间点的在线人数。

累计观看人数直接体现了直播的整体吸引力和传播效果。一个累计观看人数多的直播间不仅提升了直播的曝光度，还扩大了品牌的影响力和知名度。对于"三农"领域的直播来说，较多的累计观看人数意味着更多的农产品被关注和认知，进而提高了产品的市场认知度和潜在购买率。

此外，累计观看人数还可以反映观众的兴趣点和内容偏好。通过分析观众在不同时间段的进入和退出情况，运营者可以了解哪些内容或环节最能吸引观众，哪些部分的观众流失较多，从而在未来的直播中进行内容优化。例如，如果某一段直播内容导致观众大量流失，就可能是内容不够吸引人或节奏安排不合理，运营者可以根据这些数据进行调整，以提高观众的整体观看体验。

1.3.2 互动量

1.3.2.1 点赞数

点赞数（likes）指的是在直播过程中，观众通过点击"点赞"按钮表示认可或喜爱的次数。这一指标反映了观众对直播内容的即时反馈，是衡量直播互动性和内容受欢迎程度的一个重要指标。

点赞数越多，意味着直播内容越受观众喜爱和认可。这不仅能够提升直播间的活跃度，还可以增加其他观众的参与兴趣。许多直播平台会将点赞数作为推荐算法的一部分。点赞数多的直播间更容易被平台推荐，从而吸引更多潜在观众进入直播间。

1.3.2.2　评论数

评论数（comments）指的是观众在直播过程中所发表的评论的总数量。这一指标反映了观众的互动积极性和参与度，是衡量直播间热度和内容引发讨论程度的关键因素之一。

通过互动评论，观众会感受到被重视，从而增加对直播间和主播的忠诚度，形成长期的观看习惯。评论数多表明直播内容引发了观众的广泛讨论，无论评论内容是对产品的兴趣、与主播的互动，还是对话题产生的共鸣，评论数都是直播间热度的体现。评论数也是多数平台推荐算法的重要参考依据，评论数多的直播间更容易被平台推荐给更多潜在观众。

1.3.2.3　分享数

分享数（shares）指的是观众在直播过程中将直播内容分享至其他平台或社交媒体的次数。这一指标反映了观众对直播内容的认可度和传播意愿，是衡量直播间内容吸引力和影响力的一个重要标准。

分享数越多，说明观众对直播内容的认可度越高，更愿意将其推荐给他人。较多的分享数能够帮助直播内容突破平台内的用户圈层，触达更多潜在观众。分享行为不仅带来新的观众，还能形成口碑效应，使直播间的在线人数逐步增加、互动性逐步增强，从而进一步强化直播效果。大多数直播平台都会考虑把分享数作为推荐算法的重要参考之一，为分享数多的视频提供更多的流量支持。

1.3.3 转化率

1.3.3.1 观看转化率

观看转化率（view-to-conversion rate）是指在观看直播的观众中，实际进行了特定转化行为（如购买、注册、点击等）的观众的比例。这个指标是衡量直播间从观众流量到实际效果（如销售额或用户获取）的关键指标之一。

观看转化率直接反映了直播内容对观众的吸引力和说服力，帮助评估直播的实际收益或目标达成情况。

1.3.3.2 销售转化率

销售转化率（sales conversion rate）是指在观看直播的观众中，实际进行购买行为的观众的比例。这个指标是衡量直播销售效果的关键指标之一，直接反映了直播间内容对观众的吸引力和实际购买力的转化程度。

销售转化率可以评估产品的吸引力和直播中的营销策略是否有效，以帮助品牌优化未来的直播策略。

1.3.3.3 新增粉丝数

新增粉丝数（new followers）是指在直播过程中或直播结束后，选择关注直播账号的观众的数量。这一指标反映了直播内容对观众的长期吸引力，是衡量直播间运营效果和品牌忠诚度的重要标准之一。

通过吸引观众成为粉丝，品牌可以与观众建立长期的联系，从而增强品牌忠诚度，并在后续的直播或营销活动中获得更多的互动和销售机会。

1.3.4 留存率

1.3.4.1 观众留存率

观众留存率（viewer retention rate）指的是在某段时间内，进入直播间的观众持续观看直播的比例。具体来说，留存率可以表示为观众在直播过程中在不同时间段的停留比例，也可以表示直播结束后观众再次观看直播回放的比例。

高留存率有助于维持直播间的观众人数，增加互动性，提升直播间的整体氛围。观众留得越久，互动机会就越多，直播效果就越好。

1.3.4.2 复购率

复购率（repeat purchase rate）是指顾客在观看直播进行首次购买后，后续再次购买相同品牌产品的比例。复购率反映了顾客对品牌的忠诚度和产品满意度，是衡量直播销售效果的长期指标之一。

相比于获取新顾客，维护老顾客的成本更低，且复购顾客的购买量通常更大。因此，提升复购率能够有效提高品牌的长期销售额。复购率高表明顾客对品牌或产品的满意度较高，愿意持续购买。这不仅提升了品牌的口碑，也增强了品牌的市场竞争力。

1.3.5 直播间活跃度

1.3.5.1 互动频率

互动频率（interaction frequency）指的是在直播过程中，观众参与互动行为（如点赞、评论、分享、提问、投票等）的频率。这一指标反映了直播间的活跃度和观众的参与度，是衡量直播效果和观众互动意愿的重要指标之一。

通过高频互动，观众的参与感和归属感得以增强，从而提高了用户黏性和留存率。互动频率高的直播间往往更具活力，氛围也更热烈，能够吸引更多观众的参与。

1.3.5.2　礼物打赏

礼物打赏（gifts and tips）是指观众在直播过程中将平台提供的虚拟礼物或金钱打赏给主播的一种支持行为。这一指标反映了观众对主播或直播内容的喜爱和认可度，同时也是衡量直播收入和主播受欢迎程度的一个重要指标。

在许多平台，一方面，礼物打赏的金额是影响直播间热度和推荐排名的关键因素之一。高额打赏往往能提升直播间的曝光率，吸引更多观众进入。另一方面，打赏也是直播收入的重要来源之一，尤其对于平台抽成较高的直播模式而言，礼物打赏能够显著增加主播的收入。

1.3.6　技术指标

1.3.6.1　流畅度

流畅度（streaming smoothness）指的是直播过程中视频和音频的播放质量，包括画面的清晰度、视频的连续性、音频的同步性和整体的无卡顿性。流畅度是评估观众观看体验的核心指标之一。

流畅度的好坏直接决定了观众的观看体验。视频卡顿、音频不同步等问题会严重影响观众的参与感，甚至导致观众流失。高质量的直播体验有助于提升品牌和主播的专业度，增加观众的信任感和好感。

1.3.6.2　画质和音质

画质（video quality）指的是直播过程中视频的清晰度、色彩准确度、流畅度和整体视觉效果。画质的好坏影响观众的视觉体验。

音质（audio quality）指的是直播过程中音频的清晰度、声音的还原度、背景噪声的控制以及音频与视频的同步性。音质的好坏影响观众的听觉体验。

高画质和音质是吸引观众持续观看的重要因素。良好的视听体验能够增强观众的沉浸感，提升直播效果。高质量的画面和清晰的音频能够提升直播的专业度，增强观众对主播和品牌的信任。

1.4　"三农"短视频账号的建立和维护——以快手为例

步骤一：下载并安装快手 App

（1）打开手机中的应用市场，如图 1-12（a）所示（此处以使用 Android 系统的华为手机为例；使用 iOS 系统的苹果手机为 App Store）。

（2）在搜索栏中输入"快手"，如图 1-12（b）所示。

点击"安装"按钮进行下载，等待下载完成，如图 1-12（c）所示。下载完成后，应用会自动安装。安装完成后快手 App 图标会出现在手机桌面上。

（a）打开应用市场　　　（b）搜索"快手"　　　（c）下载

图 1-12　快手 App 的下载与安装

步骤二：打开应用软件，准备注册

（1）安装完成后，点击快手 App 图标，打开软件，如图 1-13（a）所示。

（2）在"欢迎使用快手"页面点击"同意并继续"，如图 1-13（b）所示。

（3）点击快手主页左上角"登录"按钮，进入登录页面，如图 1-13（c）所示。

（a）打开软件　　　（b）点击"同意并继续"　　　（c）登录

图1-13　打开用用软件，准备注册

步骤三：注册

（1）选择一种注册方式（您可以选择手机号登录、微信登录或其他登录方式），如图1-14（a）所示。本例选择"手机号登录"，点击后进入登录界面。第一次登录，请阅读相关协议和政策，勾选"我已阅读并同意"选项。

（2）选择手机号登录，输入手机号码并点击"获取验证码"，勾选"我已阅读并同意"选项，如图1-14（b）所示。验证码稍后会发到手机中。要注意，登录的手机号与接收验证码的手机号需要保持一致。

（a）选择注册方式　　　　（b）获取验证码

图 1-14　注册

步骤四：验证手机号码并登录

输入您收到的验证码并点击"登录"，如图 1-15 所示。

图 1-15　验证并登录

步骤五：设置密码

（1）点击快手平台主页面右下角的"我"按钮，如图1-16（a）所示，进入个人主页。

（2）进入个人主页后，可见左上角"☰"标志，点击进入管理主页，如图1-16（b）所示。进入管理主页后，点击右下角"设置"。

（3）在"设置"页面选择"账号与安全"，进入后选择"设置密码"选项，如图1-16（c）所示。手机会自动进行安全检测，然后跳转到"输入新密码"页面。设置一个安全的密码并再次确认，点击"确认"后，密码设置完成。

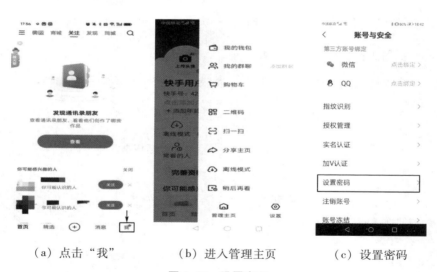

（a）点击"我" （b）进入管理主页 （c）设置密码

图1-16 设置密码

步骤六：熟悉个人主页

图1-17为个人主页。

（1）点击个人主页中的"上传头像"和"设置昵称"，还可以

"添加介绍"展示更多信息。

（2）在个人主页"历史记录"选项中，可以找到自己曾经浏览过的视频；点击"快手小店"选项，可以直接在快手上购买感兴趣的商品。

（3）个人主页会根据个人信息填写的多少，显示"完善资料"的百分比。同时，还可以通过"添加朋友"选项从通讯录导入朋友们的快手账号，方便大家在快手中尽快找到感兴趣的内容。

（4）"你可能感兴趣的人"选项，是快手根据用户的浏览习惯和浏览频率，智能推荐用户可能感兴趣的内容。

（5）点击"首页"选项，可以回到快手主页面。

图 1-17　个人主页

步骤七：开始使用快手

注册完成后，用户进入快手主页面，可以浏览视频、关注其他用户并创建自己的内容，如图1-18所示。

图1-18 开始使用

用户完成以上七个步骤，就能用自己的快手账号进行浏览、创作和分享。

2 "三农"的金母鸡：短视频内容打造

短视频一般是指时间在一分钟以内的视频，通常都是几十秒，因此如何在最短的时间内吸引观众的注意力至关重要。只有优质的选题和内容才能够迅速抓住观众的眼球，使观众愿意持续观看。打造"三农"短视频内容是一个细致而复杂的过程，旨在通过生动、有吸引力的内容吸引观众，并促进"三农"产品的销售。本章主要讲解打造"三农"短视频精品内容的一些详细步骤和技巧。

2.1 信心：赢在"三农"产品源头选择

"三农"短视频能否成功促成销售，在很大程度上依赖于产品的源头选择，这是打造优质内容和提升市场竞争力的关键环节。对"三农"产品的选择不仅决定了视频内容的吸引力，还直接影响消费者的信任度和购买意愿。在市场竞争日益激烈的背景下，只有那些真正具备高品质、鲜明特色的农产品，才能在众多同类产品中脱颖而出，赢得消费者的青睐。优质的"三农"产品具备丰富的故事性和文化内涵，这为短视频内容提供了更多创作空间。

2.1.1 产品质量为先

优质的"三农"产品是成功销售的基石。选择高质量的产品可以提高消费者的满意度和信任度，进而促进复购和口碑传播。具体方法包括以下两种。

一是实地考察。要前往农场、果园、养殖场等地，察看产品的生长环境、生产工艺是否符合标准。

二是检测认证。选择有相关认证（如有机认证、绿色食品认证等）的产品，确保产品的安全和质量。

2.1.2　产品差异化

在激烈的市场竞争中，具有差异化的产品更能吸引消费者的关注。通过选择独特的、具有地方特色的或稀缺的农产品，可以增加产品的吸引力。具体可以从这两个方面来选品。

一是地方特产。要选择具有地方特色的农产品，如某地特有的水果、蔬菜、茶叶等。

二是稀缺品种。要选择市场上稀缺或独特的品种，如某些稀有的果树品种、特种养殖产品等。

2.1.3　供应链稳定

稳定的供应链可以确保产品的持续供应，避免断货和供应不稳定导致的客户流失。第一，可以优先选择自家的产品，确保能够长期供应；第二，可以与稳定可靠的供应商建立长期合作关系，确保产品供应的持续性；第三，可以采用多渠道进行采购，建立多渠道采购体系，避免单一供应商出现问题时影响整个供应链。

2.1.4　产品价格合理

合理的价格可以提高产品的市场竞争力，同时也能保证农户和企业的利益。可以提前进行市场调研，了解同类产品的市场价格，制定合理的定价策略。同时，做好成本控制，通过优化生产和物流环节，降低产品成本，提高价格竞争力。

2.1.5 环保与可持续性

现代消费者越来越关注产品的环保和可持续性。选择环保、可持续的"三农"产品不仅能满足消费者需求，还能提升品牌形象。一是可持续种植。可以选择采用可持续种植方式生产的农产品，如有机种植、无公害种植的农产品等。二是生态养殖。可以选择采用生态养殖方式生产的农产品，如草原放牧、生态养鱼等。

2.1.6 创新与研发

通过不断的创新和研发，推出具有竞争力的新产品，可以增强产品的市场竞争力。可以与科研机构或大学合作研发新产品，通过他们的科技助力提高产品的附加值。同时，也可以进行技术创新，采用新技术提高产品质量，如应用物联网技术监控生产过程，确保产品质量稳定。

2.1.7 成功案例：自贡辣酱

2.1.7.1 案例背景

李某，四川省自贡市农户，家族三代从事手工辣酱制作工作。李某的辣酱在当地小有名气，但由于缺乏有效的营销渠道，辣酱销售范围局限在本地市场，规模难以扩大。

2.1.7.2　选品策略

一是地方特色。利用自贡地方特色作为宣传重点，突出自贡作为"中国盐都"和"灯会之乡"的文化底蕴，为产品打上地域标签。选用自贡当地的优质辣椒和天然调料，确保辣酱的纯正风味和高品质，如图2-1（a）所示。

二是传统工艺。强调辣酱的传统手工制作工艺，突出其与工业化产品的区别，传达手工制作的价值和品质。强调辣酱制作过程中不添加防腐剂、色素等化学成分，保证产品的健康和安全，如图2-1（b）所示。

三是多样化应用。通过视频展示辣酱在不同菜肴中的应用，如拌面、炒菜、蘸料等，增加产品的应用场景，激发消费者的购买欲望。分享使用辣酱做菜的食谱，教观众如何在家中轻松使用辣酱制作美味菜肴，如图2-1（c）所示。

2.1.7.3　实施步骤

一是短视频内容创作。

制作过程展示：拍摄从原料选取、清洗、切辣椒、调料、腌制到装瓶的全过程视频，强调手工制作的每一个细节。

美食推荐：拍摄辣酱在家庭美食中的使用方法，展示辣酱如何为日常菜肴增色增味。

二是直播助力。

固定直播时间：每周两次固定时间直播，现场展示辣酱制作，进行实时互动和产品销售。

互动答疑：在直播中解答观众关于辣酱制作、使用和保存的问题，增加观众的参与感和信任度。

粉丝互动：定期发布粉丝福利活动，如试吃装赠送、优惠券发放等，增强粉丝黏性。

反馈收集：收集粉丝反馈，及时改进产品和服务，提升用户满意度。

2.1.7.4 完成效果

通过以上策略，李某成功将家族手工辣酱推广至全国市场，粉丝数突破25万人，辣酱销量大幅增加，李某每月收入达到12万元。品牌在国内外市场逐渐建立起良好的口碑，成为地方特产中的佼佼者。

（a）精选原料　　　　（b）制作辣酱　　　　（c）辣酱做菜

图 2-1　自贡辣酱

2.2 细心：包装增强消费者对"三农"产品的购买欲望

　　要增强消费者对"三农"产品的购买欲望，对于包装的策略就需要综合考虑以下三个关键方面：产品的特点、目标消费者以及市场需求。产品的特点指的是产品自身的独特属性，包括其来源、制作工艺、品质、功能和用途等。了解产品的特点有助于在包装设计中突出产品的独特卖点，从而吸引消费者的注意力。目标消费者指的是产品的主要购买群体。不同的消费者群体有不同的需求、偏好和购买行为，因此在设计包装时需要考虑这些因素。市场需求指的是当前市场上对产品的需求情况，包括市场趋势、竞争情况和消费者偏好等。了解市场需求有助于在包装设计中做出符合市场趋势的决策，从而提高产品的竞争力。以下是具体方法。

2.2.1　增强视觉吸引力

2.2.1.1　色彩搭配

　　色彩搭配在视觉营销中扮演着至关重要的角色，尤其是在短视频和直播领域，它不仅能增强视觉吸引力，还能够通过心理暗示使消费者产生情感共鸣和购买欲望。使用鲜艳且与产品特点紧密相关的颜色，可以迅速吸引消费者的目光，使产品在竞争激烈的市场中脱颖而出。例如，绿色往往与自然、环保和健康联系在一起，因此在推广有机农产品，如蔬菜和水果等与健康和新鲜度密切相关的商品时，使用绿色能够强化消费者对于产品天然、无污染、健康的认知。绿色还能够带来清新、宁静的感觉，让消费者产生安全感与信赖感，从而促进购买行为的发生。又如，蓝色常与科技、信任和可靠性相关，适合用于推广技术性较强的农业设备或现代化农业解决方案；黄色则象征着阳光和活力，能够给人带来愉悦和希望，非常适合用在果类产品的推广中。色彩的巧妙搭配能够极大地提升消费者对产品的认知，使消费者快速产生共鸣，从而帮助品牌塑造鲜明的形象。

2.2.1.2 图案设计

包装上的图案应与产品和品牌形象相符。可以使用农产品的照片、手绘插图或者与地方文化相关的元素。

使用农产品的照片作为包装图案可以帮助消费者直观地了解产品的外观特点和质量。例如，鲜艳饱满的水果、青翠欲滴的蔬菜，或者金黄的稻谷图案，都能清晰展现产品的新鲜度和品质。这种真实的视觉表达能够增强消费者对产品的信任感，尤其是在短视频和直播中，当产品无法被亲手触摸时，包装上直观的图案能增强视觉体验效果，吸引消费者下单购买。

采用手绘插图的包装设计也具有独特的魅力，能够为消费者带来更加艺术化、个性化的视觉感受。手绘的农产品图案，往往更具有温馨和朴实的感觉，能够传递出产品的天然、无添加等特点，特别适用于强调传统工艺、纯天然制作的农产品。还可以根据不同的品牌风格，设计出更具辨识度的手绘形象符号，从而帮助品牌在市场中建立起独特的视觉语言，增强消费者对品牌的认知度和忠诚度。

此外，融入地方文化元素的图案设计不仅能增加包装的地域特色，还能让消费者产生文化共鸣。例如，使用当地特色风景、传统建筑、民俗风情或地方特有的图腾、花纹等元素设计出的包装，不仅可以突出产品的产地特色，还能体现产品的独特价值，讲述品牌故事。这样的设计能够增强产品的文化厚度，使其与市场上其他同类产品区分开来，尤其适用于具有地理标志的农产品或具有地方特色的手工艺品等。

2.2.2 传递产品信息

2.2.2.1 清晰的标签

确保所有关键信息都清晰标注在产品包装上是至关重要的。这些信息通常包括产品名称、产地、成分、生产日期、保质期、营养成分表以及任何其他法律要求的标签内容。通过详细且一目了然的标签设计，消费者可以快速了解产品的基本情况，特别是对于食品类的农产品而言，这些信息直接影响消费者的购买决策。例如，清晰标示产品的产地能够让消费者对产品的来源有更加明确的认知，尤其是地理标志产品，这种标注能增强产品的真实性和可信度。与此同时，清晰的生产日期和保质期能够增强消费者对产品新鲜度的信心，确保他们知道产品的适用期限，从而避免误购过期商品。

此外，详细的成分表标注对那些注重健康和饮食安全的消费者来说尤为重要，越来越多的人开始关注食品的配料、来源和成分是否符合他们的饮食需求和健康标准。对于有特定饮食需求（如过敏、素食等）

的消费者来说，清晰的标签是他们选择产品的首要参考因素。因此，标签信息不仅要能够清晰易读，还需要符合消费者的多样化需求，提供他们关心的关键信息。

2.2.2.2 特色说明

在竞争激烈的市场中，突出产品的独特卖点是吸引消费者的重要手段。除了标注基本的产品信息外，包装上还应特别强调产品的独特优势和附加值，例如有机种植、无添加剂、手工制作、绿色环保等特点。这类特色说明不仅能帮助产品从众多同类商品中脱颖而出，还能赋予消费者更多的购买理由。

例如，"有机种植"的标签能够吸引那些追求健康、环保的消费者，他们倾向于选择不含化学农药和人工添加剂的食品，以确保自身和家人的健康安全。"无添加"的标签则能够增强消费者对产品纯净性和安全性的信任，特别对于食品和护肤品而言，强调没有人工色素、防腐剂等成分会增强消费者的安全感。而"手工制作"则能够传递出产品的匠心和独特性，满足消费者对高品质、精细工艺的追求。

2.2.3 讲述品牌故事，体现文化元素

2.2.3.1 品牌故事

讲述产品背后的品牌故事不仅是吸引消费者的一种方式，还是建立品牌与消费者情感联系的桥梁。例如，一个品牌可以通过包装传达出农民辛勤劳作的过程。消费者看到包装上的文字故事和图案时，会联想到真实的人和他们的劳动成果，这样的情感共鸣有助于提升产品的附加

值。比如，可以在包装上通过文字和图片展示农民生活场景和工作日常。如某个村庄里的农民世代耕种，每年依靠大自然的恩赐获得丰收。消费者通过这类包装，不仅能看到产品的外在质量，还能感受到产品背后的辛勤劳作。

有些农产品经过几代人的传承，保持着独特的制作工艺，如以某种传统酿造方式制作的蜂蜜或手工晒干的茶叶。这些工艺可以作为包装设计中非常重要的元素，因为它既体现了产品的历史，又展现了工匠精神。

农产品往往与其产地的地方文化密不可分。通过讲述地方文化的故事，可以突出产品的独特性。比如，某种水稻生长于一个以诗歌和音乐闻名的小村庄，这就可以作为特色通过包装上的文字或图案被传达出来，以吸引那些追求文化体验的消费者。

2.2.3.2 文化元素

文化元素包括地方的传统图案、文字、颜色、典故等，这些元素能够赋予产品深厚的文化积淀，使其在市场中脱颖而出。

传统的花纹、织物纹理或建筑图案可以直接体现在包装的设计上，尤其是那些具有地方特色的图案。比如，某些地区农产品的包装可以采用地方特有的编织图案或当地民族的服饰图案作为设计元素，这不仅美观，还能让产品带有一丝独特的地方风味。

一些地方的文字或方言词汇可以成为包装设计中的亮点。例如，在包装上使用地方语言或方言来对产品命名，或者采用特殊的书法风格来书写产品名称，这些都能让消费者感受到一种特别的文化体验。

一些地方的农产品与当地的历史典故息息相关。这些典故可以融入包装的设计，以丰富产品的文化内涵。例如，某地的水果因古代一位名人的传说而闻名，这样的历史故事可以通过文字和图片在包装上展示出来，使产品具有更强的文化吸引力。

2.2.4 注重实用性

2.2.4.1 方便使用

一个好的包装应确保消费者能够轻松地打开而不需要使用额外的工具。特别是对于食品、饮料和日常消费品的包装，消费者通常希望快速方便地开启。例如，一些瓶装产品可以设计成旋转开启或按压式开启，而食品包装可以采用易撕口、拉链式封口等设计，这样可以极大地减少消费者在使用过程中的麻烦，增强产品的使用体验。

对于那些需要外出使用或携带的产品，包装的便携性是设计中需要重点考虑的因素。例如，大瓶饮料和大袋零食的包装可以设计成小容量的独立包装，既卫生，又方便携带。一些大件或重物的包装，可以设计成折叠式或轻便式，确保消费者能够轻松携带。

2.2.4.2 环保材料

选择可回收材料进行包装设计是环保的第一步。纸质、铝箔、可回收塑料等材料可以大大减少对环境的污染。例如，目前许多食品和饮料的包装都采用可回收的纸质材料，且包装上注明了回收标志，以鼓励消费者主动参与回收行动。这样的设计不仅展示了品牌方的环保意识，也能为消费者带来额外的满足感，因为他们会觉得自己在为保护环境做贡献。

可降解材料是另一个受欢迎的环保包装选择。许多品牌已经开始使用生物降解塑料或植物纤维制成的包装，这些材料能够在短时间内在自然环境中分解，减少了塑料垃圾对环境的污染。例如，一些食品包装袋、快递包装袋已经采用玉米淀粉等天然可降解材料，这种创新包装既符合环保要求，又保障了包装的坚固性和实用性。

在设计环保包装时，减少不必要的包装层数和材料使用同样重要。过度包装不仅浪费资源，还增加了消费者的处理负担。设计简约、精致的包装既能体现品牌的环保理念，又能满足产品保护和展示的基本需求。许多品牌现在采用简单大方的包装设计，注重材料的精简和功能性。例如，去掉多余的塑料外壳、减少纸盒的厚度等方法都可以有效地减少包装对环境的影响。

除了可回收和可降解材料，使用再生材料也是包装设计中的一种环保趋势。再生纸、再生塑料等材料可以有效减少对原材料的依赖，降低对自然资源的消耗。例如，一些品牌采用再生纸制作包装盒或标签，减少了对树木的砍伐，同时包装上的说明还让消费者了解产品的环保特性，提升品牌的环保形象。

2.2.5 增强互动性

2.2.5.1 二维码和社交媒体

消费者对产品的透明度越来越重视，尤其是食品、化妆品和保健产品等涉及安全和健康的商品。品牌方在包装上印上能够溯源的二维码，消费者扫描后即可查看产品的原材料来源、生产过程视频或生产车间的情况。这种透明化的设计能够增强消费者对产品的信任，让他们感受到品牌方的诚意和负责任的态度。比如，一些有机农产品商家通过二维码展示农场的实时视频，消费者可以看到农产品的种植环境，这不仅增加了产品的真实性，还为品牌带来了良好的声誉。

对于一些功能较为复杂或需要特殊使用技巧的产品，包装上的二维码可以提供详细的使用说明或视频教程。例如，对于化妆品、家用电器、健身器材等产品，消费者可以通过扫描二维码观看详细的使用方法和保养技巧，避免了翻阅传统纸质说明书的不便。这种设计让消费者更容易学会使用产品，提升了产品的使用体验。

通过二维码，品牌方还可以引导消费者参与线上互动活动，如抽奖、积分兑换、用户打卡等，从而增强品牌与消费者的互动性。比如，品牌方可以设计一个扫描二维码就能参与的小游戏，消费者在游戏中获得积分或者折扣券，这不仅增加了消费者的参与感，还能够提升购买的转化率和复购率。此外，也可以通过扫描二维码登录社交媒体平台，这让消费者能够方便地关注品牌的官方社交账号，了解更多产品动态或参加在线讨论，增强消费者对品牌的黏性。

品牌方还可以利用二维码提供个性化的互动体验。消费者通过扫描包装上的二维码，进入品牌的定制平台，可以根据自己的喜好选择不同的产品包装设计、刻字内容或颜色搭配，进一步增强个人对产品的黏性。例如，一些高端定制礼品可以通过包装上的二维码为消费者提供专属定制服务，让每一件产品都带有独特的个性化印记。这种互动性设计能够有效提高消费者的购买欲望，同时增强品牌的差异化竞争优势。

2.2.5.2 体验装设计

对于许多消费者来说，第一次购买一个新品牌的产品时，往往会因为对产品不够了解而犹豫不决。此时，体验装能够有效降低购买门槛，减少心理负担。比如，化妆品行业经常提供小样体验装，消费者可以先通过体验装感受产品的效果，再决定是否购买正装产品。这样的设计既能减少消费者的购买风险，也能增加其对产品的好感。

体验装不仅仅是缩小版的正装产品，还是一种宣传品。品牌方可以通过对体验装进行独特的设计来增加产品吸引力。比如，化妆品品牌可以设计一套精美的小包装组合，让消费者体验不同的产品系列，感受品牌的多样化和高品质。而食品行业可以推出一次性小包装的新品试吃装，方便消费者在不确定是否喜欢产品口味的情况下尝试新品。这种设计不仅吸引了对新产品感兴趣的消费者，还能通过体验装的创新设计提高品牌的附加价值。

除了提供体验装，品牌方还可以通过互动的方式获取消费者的反馈意见。比如，消费者在试用体验装后可以通过扫描包装上的二维码，填写产品使用反馈问卷或参加在线评论，品牌方根据这些反馈信息不断优化产品和包装设计。这种双向互动不仅让消费者感受到品牌对他们意见的重视，还能增强品牌与消费者之间的沟通，从而提升消费者的品牌忠诚度。

体验装能够通过实际体验帮助消费者加快购买决策。特别是对于那些高价位或高技术含量的产品，消费者通常需要一定的试用期来判断产品是否符合他们的需求。体验装的设计让消费者可以在无风险的情况下试用产品，增加了他们对产品的信任感。一旦试用后消费者满意度高，品牌就能更容易地将试用装的用户转化为正装产品的购买者。此外，品牌还可以在体验装包装上提供正装购买的专属折扣码，进一步刺激消费者的购买欲望。

2.2.6 实例应用

图2-2为部分应用案例。

2.2.6.1 有机蔬菜

视觉吸引力：使用绿色和白色作为主色调，配以新鲜蔬菜的高清照片。

产品信息：清晰标注蔬菜的品种、有机认证标志、种植地和生产日期。

故事和文化：包装上可以有描述有机蔬菜种植故事的文字和图案，强调自然和无污染的种植环境，如图2-2（a）所示。

2.2.6.2 手工熏鸡

视觉吸引力：使用红色和金色作为主色调，配以公鸡的图片。

产品信息：标注选材精良，口感劲道以及百年老店等信息。

故事和文化：包装上描述了聊城魏氏世代传承的熏鸡古方制作工艺，增加了产品的历史和文化价值，如图2-2（b）所示。

2.2.6.3 蜂蜜

视觉吸引力：使用蜂蜜的金黄色和蜂巢图案，配以养蜂场的照片。

产品信息：清晰标注纯天然、无添加的蜂蜜成分，以及产地和采蜜日期。

故事和文化：包装上描述蜂农的故事和蜜蜂采蜜的过程，凸显蜂蜜的天然和纯正，如图2-2（c）所示。

（a）有机蔬菜　　　　　（b）手工熏鸡　　　　　（c）蜂蜜

图2-2　应用案例

2.3　齐心：组建优质"三农"短视频团队

要成功运营一个"三农"短视频账号，组建一个专业、高效且富有创意的团队至关重要。本书根据农民团队的实际情况对团队分工进行了简化和整合，使农民能够快速组建一个高效、实用的"三农"短视频团队。

2.3.1　团队构建

2.3.1.1　团队领导/项目经理（团队的核心领导）

1. 主要职责

总体规划与管理：负责制定整体内容策略和拍摄计划，协调团队成员的工作，确保项目顺利进行。

监督项目进度：实时监控项目进度，解决拍摄和制作过程中出现的问题，确保项目按时完成。

内外部沟通与协调：与外部合作伙伴、赞助商和平台沟通，确保资源和支持到位。

2. 技能需求

具备丰富的视频制作项目管理经验，能够有效规划和调度资源。对农业、农村和农民有深入了解，能够挖掘出有价值的内容。具有出色的沟通和协调能力，能够协调团队内部及外部各方的关系，确保信息流畅。具备创新思维，能够策划出具有吸引力的内容。

2.3.1.2　内容创作人员（至少 1 人，可由团队领导兼任）

1. 主要职责

内容策划：根据市场需求和目标观众的兴趣，策划视频内容，撰写脚本和文案。

市场调研：分析市场趋势，了解观众喜好，制定适合的内容方向。

创意实现：将创意转化为具体的拍摄方案，确保内容生动有趣。

2. 技能需求

写作和策划经验：具有丰富的写作创意和内容策划经验，能够撰写吸引观众的脚本。

对"三农"题材的理解：对农业、农村和农民生活有深刻认识，能够发掘出有价值的故事。

市场调研能力：具备基本的市场调研能力，能够分析观众需求和市场趋势。

2.3.1.3 拍摄和后期制作团队（至少1人，可由内容创作人员兼任）

导演：确定视频的整体视觉风格和拍摄风格，指导拍摄过程。

摄像师：负责视频的实际拍摄，确保画面质量和构图；能够熟练运用摄像设备和摄影技巧，具有创意。

灯光师：设置和调整灯光，营造合适的拍摄氛围。

后期制作团队：负责视频素材的剪辑和合成，确保视频流畅和有吸引力；处理视频的音频部分，添加背景音乐和音效，增强情感效果；制作视频中的特效，增强视觉冲击力。

2.3.1.4 社交媒体运营（至少1人，可由团队领导或内容创作人员兼任）

1. 主要职责

视频发布与推广：负责在各大社交媒体平台发布视频，进行推广和宣传。

互动与反馈：与观众进行互动，收集观众反馈意见，进行数据分析，优化内容策略。

账号管理：管理社交媒体账号，维护品牌形象，增加粉丝黏性。

2. 技能需求

熟悉各大社交媒体平台的操作和推广策略，具备出色的沟通能力，能够有效与观众互动并解决观众的问题，能够通过数据分析，调整和优化内容策略。

2.3.1.5 农业专家/顾问（至少1人，可由团队领导或内容创作人员兼任）

1. 主要职责

专业知识支持：提供专业的农业知识和技术支持，确保视频内容的真实性和权威性。

解答观众问题：在直播或视频中解答观众的相关问题，增强视频的可信度和吸引力。

2. 技能需求

具备专业的农业知识，能够提供准确的农业技术指导。能够用简单易懂的语言传播复杂的农业知识，增强观众的理解。必要时，可邀请农业专家进行配合，完成视频脚本的创作或审核，避免出现专业问题。

2.3.2　团队工作流程

2.3.2.1　前期策划

1. 市场调研

分析目标观众，通过问卷调查、数据分析等方式了解观众的兴趣和偏好，也可使用问卷星等工具进行线上调研。精准的市场调研能增强内容的相关性和提升观众的满意度。据统计，约85%的观众更愿意观看与自己兴趣相关的内容。

2. 内容策划

集思广益，进行头脑风暴，确定视频主题，撰写详细的脚本和拍摄方案。有计划的内容创作能提高团队效率，有策略的内容计划能提高50%的生产力。

3. 资源准备

选择拍摄场地，准备所需道具。据统计，80%的成功视频都是在前期做好了充足的准备工作。

2.3.2.2　拍摄制作

初学者可以使用智能手机进行拍摄，大部分智能手机的摄像头性能都较好，足够满足日常视频拍摄需求。同时，提前准备一些简易辅助设备，例如三脚架、稳定器、补光灯等，以提高视频的稳定性和画质。

在拍摄前要明确每个视频的主题和目标，比如农产品种植、家畜养殖、农村生活等。根据视频主题选择合适的拍摄场景，例如田地、农舍、市场等。即使是最简单的视频，也要有基本的脚本，确保内容连贯、有条理。

在初次拍摄之前，可以观看其他优秀的"三农"视频，学习其拍摄和剪辑技巧。"三农"视频着重展现真实的农村生活和工作场景，让观众感受到真实性。讲故事、展示细节等方式，能够让视频更有趣味性和吸引力。此外，还可以邀请农民、专家等作为嘉宾参与拍摄，增加内容的权威性和多样性（这部分技能我们会在第 3 章详细讲解）。

2.3.2.3　后期制作

1. 视频剪辑

在拍摄过程中尽量多拍摄一些素材，以便在剪辑时有更多选择。对拍摄素材进行整理，剪切掉无用的部分，将有用的片段拼接在一起，保证内容的连贯性。通过剪辑控制视频的节奏，避免冗长和重复，使视频紧凑有节奏感，保证视频流畅和具有吸引力。

对于初学者而言，可以选择一些简单易用的软件，如快影、剪映、快剪辑等。有一定基础后，可以使用更专业的软件如 Adobe Premiere Pro、Final Cut Pro 等。据相关统计，专业的剪辑和合成能使受众观看视频的时长增加 40%。

2. 音频处理

处理视频音频，添加背景音乐和音效，增强情感效果。据统计，有音乐和音效的视频比没有的观看时长增加 28%。

3. 特效制作

在视频中添加必要的特效，提高视频的视觉冲击力，通过加入适量的特效，视频的观看量能提高约 35%。

2.3.2.4　发布与推广

1. 平台选择

要根据产品的受众喜好、拍摄的熟练程度、平台给予的优惠政策等，选择合适的社交媒体平台进行"三农"视频的发布，如抖音、快手、微博等。在选择确定平台以后，要了解平台对流量的支持规则，按规则定期更新视频，最大限度增加观众黏性和关注度。

2. 互动反馈

与观众互动主要通过评论、私信等方式。通过比较频繁的互动，能够增加观众对账号的黏性，并且及时收集到同类账号的信息和反馈。互动反馈最重要的功能是根据观众反馈，调整和优化后续视频内容。据统计，良好的互动和反馈机制能将粉丝忠诚度提升 40%。

2.4　用心：拉近"三农"短视频账号与用户的距离

吸引粉丝、转换粉丝为产品客户，并做好客户关系管理是短视频账号运营成功的关键。"三农"短视频账号需要利用自身产品的用途和观众的特点更好地与用户建立紧密的联系，提升用户的参与感和忠诚度，进而推动"三农"产品的销售和品牌影响力。

2.4.1 互动与回应

实时互动。例如，在某直播中，一位用户咨询道："这种大米口感怎么样？"账号运营者可以立即回复："这种大米颗粒饱满，煮出来的饭香气四溢，特别适合做寿司和炒饭。如果您有任何具体的需求，欢迎私信咨询哦！"

定期直播。分析主要用户看直播的时间，比如每周五晚上8点，在此时进行直播，直播主题可以是"乡村生活分享"或者"农产品使用小窍门"等。在直播过程中，可以邀请一些农民或农业领域的专家在线与观众交流，回答用户的问题。

用户反馈。有意识地在后期视频中加强对前期视频观众的反馈。例如"感谢小李的反馈，我们已经改进了包装设计，让它更方便储存"。这样不仅显示出对用户反馈的重视，还能激励其他用户提供更多有价值的建议。

2.4.2 个性化内容

展示真实生活。比如发布一个视频，记录农民从早到晚的生活片段，包括种植、收获、休息等场景。视频中可以配上温馨的背景音乐和简单的解说，如"这就是我们每天的生活，从日出到日落，我们用心耕耘每一块田地"。

内容多样化。可以策划制作一个系列视频，比如"农产品烹饪指南"，每期介绍一种农产品的不同做法，展示详细的烹饪过程，以吸引对烹饪感兴趣的用户。

2.4.3 社群建设

创建粉丝群。在微信或 QQ 上创建一个"农产品粉丝交流群"，群里可以定期分享农产品资讯、种植技巧、优惠活动等，增加粉丝之间的互动。

定期活动。每月组织一次线上"农产品试吃会"，通过直播展示新品，并邀请部分粉丝来直播间试吃并分享他们的感受。同时，组织线下"农场开放日"活动，邀请粉丝来农场参观和体验。

2.4.4 优质服务

售前咨询。可以在每个产品介绍视频的最后加上一段话，如"如果您对我们的产品有任何疑问，欢迎随时联系在线客服，我们会耐心解答您的所有问题"。

售后服务。例如，在用户购买的产品中附上一张售后服务卡，上面可以写："感谢您的购买！如果您在使用过程中有任何问题，请拨打我们的售后服务热线，我们将竭诚为您服务。"

2.4.5 情感共鸣

讲述故事。制作一个系列视频，讲述农产品背后的故事。例如，

"老王一家三代都在种植苹果，他们坚持采用传统的种植方法，不使用任何化学农药，只为给大家提供最健康的水果"。

关心用户。例如，在视频中提到："我们知道很多朋友因为工作忙碌，很少顾及自己和家人的身体。所以我们精心挑选了这些绿色的农产品，希望能为您和您的家人带来健康。"

2.4.6　优惠与奖励

优惠活动。例如，每月推出一次"粉丝专享优惠日"活动，在这一天，所有粉丝可以享受指定产品 5 折优惠。活动前，通过视频、直播和粉丝群进行广泛宣传。

用户奖励。例如，每个月评选出几位"最佳互动粉丝"，送出精美的农产品礼包。如"感谢@小红、@小明、@小李的积极互动和支持，请私信我们您的地址，我们会寄出特别的礼物"。

2.5　精心：打造"三农"产品爆款文案

好的"三农"视频账号，离不开精心打造的"三农"产品爆款文案。一份好的文案需要结合产品特点、用户需求和市场趋势。文案不仅能吸引用户眼球，还能激发他们的购买欲望和参与感，最终提升产品的销售率，扩大品牌影响力。

2.5.1 突出产品特点和优势

2.5.1.1 突出原生态

文案："纯天然、无添加的健康选择。"

详细说明："我们的有机大米生长在远离污染的天然环境中，不使用任何化学农药和肥料，每一粒米都保留了大自然的原始味道和丰富的营养。"

2.5.1.2 突出高品质

文案："品质保证，每一口都是享受。"

详细说明："选用优质稻种，采用传统耕作和现代科技相结合的种植方法，确保每一粒大米都饱满、均匀，烹煮后清香扑鼻，口感绵软。"

2.5.1.3 突出健康安全

文案："健康安全，全家人的放心选择。"

详细说明："经过严格的质量检测和控制，从田间到餐桌，每一个环节都严格把关，确保大米不含有害物质。"

2.5.2 强调产品背后的故事

2.5.2.1 强调生产过程

文案："从田间到餐桌，记录每一个细节。"

详细说明："我们的有机大米在纯净的环境中生长，采用自然降水灌溉和有机肥料培育，确保大米的天然品质。"

2.5.2.2 强调农民故事

文案："一粒米，一份情。"

详细说明："老王一家三代都在这片土地上耕种，他们坚持使用传统的种植方法，在此基础上不断创新，只为让更多的人吃到最纯正的有机大米。"

2.5.3　描绘使用场景和体验

2.5.3.1　突出美食诱惑

文案："香气四溢，让每一餐都充满幸福感。"

详细说明："无论是用来煮粥、做寿司还是炒饭，我们的大米都能带来绝佳的体验。煮出的米饭晶莹剔透，香味浓郁，让人食欲大增。"

2.5.3.2　突出生活场景

文案："从早到晚，用心做好每一餐。"

详细说明："早上，用我们的大米煮一碗香甜的粥，搭配几道家常小菜，开始美好的一天；晚上，用它做一盘炒饭，简单又美味，全家人都喜欢。"

2.5.4　真实用户评价和反馈

2.5.4.1　强调用户见证

文案："听听他们怎么说。"

详细说明："'这是我吃过的最好吃的大米，颗粒饱满，煮出来的饭特别香。'——小红妈妈。"

2.5.4.2　强调反馈分享

文案："真实评价，用心推荐。"

详细说明："'家人都说这个大米比以前的好吃多了，每次做饭都要多做一碗。'——王阿姨。"

2.5.5　限时优惠和促销活动

2.5.5.1　设计限时折扣

文案："限时优惠，超值享受。"

详细说明："限时特惠！现在购买我们的有机大米，即可享受 8 折优惠，还送价值 50 元的精美米桶一个。数量有限，赶快下单吧！"

2.5.5.2　设计超值赠品

文案："买一送一，超值享受。"

详细说明："现在购买一袋大米，立即赠送同款小包装一袋。让您一次购买，享受双倍美味。"

2.5.6　引导用户互动和分享

2.5.6.1　推广互动活动

文案："晒米饭，赢好礼。"

详细说明："参与我们的'晒米饭'活动，拍下您用我们的大米做的美食，分享到朋友圈并@我们，即有机会免费获得一袋大米。快来参加吧！"

2.5.6.2　设计分享奖励

文案："分享有礼，惊喜不断。"

详细说明："推荐朋友购买我们的大米，成功下单后，您和朋友都可以获得 10 元优惠券。一起分享健康美味，收获更多惊喜。"

2.5.7 为"有机大米"视频设计的综合文案

标题：

《自然原生态的美味体验，从我们的有机大米开始》

正文：

"我们的有机大米，来自天然无污染的田地，不使用任何化学农药和肥料，每一粒米都保留了大自然的原始味道和丰富的营养。让全家人吃得安心。

"这片田地已经传承了三代，我们坚持采用最传统的耕作方法，每一粒大米都凝聚了我们一家三代人的心血和汗水。让你吃到的不仅是大米，更是家的味道。

"清晨，用我们的大米煮一锅香喷喷的粥，配上一些腌菜，唤醒你一天的活力；晚上，用它来做一盘炒饭，粒粒分明，口感劲道，让你吃一口就停不下来。

"限时特惠！现在购买我们的大米，享受8折优惠，还送价值50元的精美米桶一个。数量有限，快来抢购吧！

"'我家孩子特别喜欢这个大米煮的粥，颗粒饱满，味道清香。'——小红妈妈。

"'自从买了这个大米，我每天都用它做饭，家人都说比以前的好吃很多。'——王阿姨。

"参与我们的'晒米饭'活动，拍下您用我们的大米做的美食，分享到朋友圈并@我们，即有机会免费获得一袋大米。快来参加吧！"

3 "三农"短视频的精武器：拍摄和剪辑

有了特色好产品，有了精心策划的文案，接下来要学习的就是短视频的拍摄和剪辑。为了将精心设计的文案从文字内容转化为生动的图像，需要选择合适的设备、合理运用多种拍摄手法，再结合精准裁剪、添加特效和背景音乐、调整色调等手段，有效提升视频的质量和吸引力，使观众更直观地感受到内容的核心信息和所传递的情感。

3.1 勤学：提高拍摄质量

拍摄农产品是一门艺术，它不仅仅是为了展示商品，更是要通过影像传递出产品的品质和独特性，以吸引消费者的目光。在拍摄过程中，形状、质感、色彩的展现尤为关键，因为这些因素直接影响消费者的购买欲望。优质的农产品视频不仅要做到真实呈现，还需通过巧妙的构图和光线处理，让产品看起来更加诱人，但同时又不能失真。

农产品的卖相几乎决定了消费者对其的第一印象。与实体店不同的是，在电商消费，消费者无法亲自触摸或品尝产品，因此视频成为他们了解产品的唯一途径。一个优质的短视频能够让产品看起来新鲜、健康且富有吸引力，极大提升了消费者的信任度和购买意愿。而一个拍摄效果不佳的视频，可能会让产品失去原本的吸引力，甚至让消费者对其产生负面印象。因此，如何在短视频中有效展示农产品的外观和品质，成为影响农产品成交量的重要因素。

在拍摄农产品时，操作难点常常是来自环境和技术层面的制约。农产品本身具有多样性，不同种类的产品对拍摄条件有着不同的要求。例如，新鲜蔬果需要呈现出水润的质感、鲜艳的色彩；而干货类产品则需要强调其质地与品质。而在农村，拍摄条件可能并不理想，天气、光线、场地等不确定因素往往会增加拍摄难度。如何在这些挑战下，灵活运用拍摄技巧，如借助自然光或简易的辅助设备确保农产品的最佳展示效果，是"三农"短视频制作中至关重要的。

3.1.1 选择合适的拍摄设备

要拍摄出高品质的农产品短视频，拍摄器材的选择至关重要。对于刚刚入门的农村创作者来说，不建议投入大量的预算。刚刚学习短视频制作，可以使用性能较好的手机进行基础的拍摄和剪辑。如今的智能手机，尤其是中高端机型，已经具备了相当优秀的拍摄能力，许多手机自带的摄像功能可以满足基础的短视频创作需求。通过手机的高分辨率镜头，手机可以捕捉到农产品的细节，展示其真实的色彩和质感。

在使用手机进行拍摄时，必须特别注意保持设备的稳定性。任何不必要的抖动都会影响图像的清晰度，使得视频质量下降。因此，在预算能够支持的情况下，可以采购三脚架等稳定器材来固定手机，这样就能有效避免手持拍摄时的抖动导致的视频模糊。此外，在拍摄过程中，要避免情绪波动或突然移动手机等，要保持镜头的平稳移动，这样才能确保画面的流畅，给观众带来更好的视觉体验。如果条件允许，可以考虑使用手机自带的防抖功能，以进一步提高画面的稳定性。

当视频制作逐渐进入更高阶段，创作者的需求和观众的期待也会提升，短视频运营也相对成熟。这时就需要考虑使用更加专业的摄影设备。专业相机和摄像机可以提供比手机更高的分辨率、更广的动态范围以及更多的拍摄模式和调节选项，例如可以手动调整曝光、白平衡和焦距等。专业设备能够更好地展现农产品的细节，捕捉其纹理和光泽，营造出更有质感和吸引力的画面。尤其是在拍摄一些特殊场景时，如低光环境下的农产品或广阔的田园风光，专业设备的优势会更加明显。

除了使用相机本身，还可以配合使用专业的镜头和辅助设备。例如，使用微距镜头可以更好地展示农产品的细节，如果皮的纹理或种子的光泽；而广角镜头则能够捕捉到更多的场景内容，帮助观众感受农产品生长的环境和自然风光。此外，使用额外的灯光设备、反光板或是滤镜，都能够为视频增加更多的层次感和专业感，从而提升整体效果。

3.1.2 确保充足的光线

在视频拍摄的初期阶段，可以充分利用自然光进行拍摄。选择在晴天的上午或下午进行拍摄，因为此时的光线较为柔和，避免了正午强光带来的过度暴晒和刺眼效果，使画面显得更加自然和舒适。自然光不仅能够提供均匀的照明，还能够真实地还原农产品的颜色和质感，增加视频的真实感和吸引力。

当视频制作的要求进一步提高时，可以考虑配置合适的灯光设备来营造需要的氛围，可以使用主灯、补光灯、反光板或其他专业的拍摄设备（见图3-1）来优化光线条件。主灯是室内视频拍摄的主要光源，承担主要照明功能。补光灯可以在光线不足或阴影较多的情况下提供额外的照明，确保拍摄对象清晰可见。反光板则能反射和柔化光线，减少阴影和过亮区域，使光线更加均匀。此外，还可以使用柔光箱、滤光片等设备来调整光线的强度和色温，从而更好地控制拍摄环境下的光线效果，提升视频的整体画面质量和专业水准。结合使用自然光和专业设备，能够更灵活地应对各种拍摄场景和光线条件，确保视频拍摄质量始终达到理想水平。

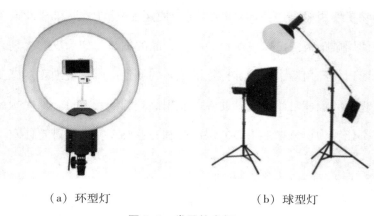

（a）环型灯　　　　　　　　　　　（b）球型灯

图 3-1　常用补光灯

3.1.3　多角度、多场景拍摄

在视频拍摄过程中，通过多角度捕捉农产品的细节，可以丰富画面内容，提高视频的吸引力和观赏性。图 3-2 为常见的拍摄角度。

第一，近景。近景是表现人物胸部以上或者景物局部面貌的画面。近景常被用来细致地表现人物的面部神态和情绪，因此，近景是将人物或被摄主体推到观众眼前的一种景别。通常使用近景景别来加强画面内事物和观众之间的交流感和亲近感，拉近他们之间的距离，更好地向观众传达画面内人物的内心情感和心理世界，以引导观众产生身临其境的感觉。如《新闻联播》等新闻节目，主持人就以近景画面形象出现在观众面前，这使得他们播报的新闻内容更利于被观众接受。

在"三农"视频拍摄中，常常通过特写镜头来拍摄食物的纹理和细节，给观众近距离接触的视角，从而突出农产品的品质。

例如，拍摄几颗新鲜的雷波脐橙时，可以将镜头靠近，展示其微微凸起的果皮和几滴晶莹的露水，使观众能够清晰地看到其新鲜度和质感。这种细腻的细节展示，有助于增加观众的购买欲望和信任感，如图3-2（a）所示。

第二，中景。中景是摄取人物膝盖以上部分的画面。视距比近景稍远，能为演员提供较大的活动空间，不仅能使观众看清人物表情，而且有利于显示人物的形体动作。中景的运用，不但可以加深画面的纵深感，表现出一定的环境、气氛，而且通过镜头的组接，还能把某一冲突的经过叙述得有条不紊，因此常用以叙述剧情。

在"三农"视频拍摄中，中景展示侧重于呈现农民的劳动场景。通过中距离拍摄，可以捕捉到农民在田间劳作的画面，如播种、施肥、收割等过程。这不仅能够展示农产品从种植到收获的过程，还能传达出农民辛勤劳动的真实感和故事性。

例如，拍摄农民采摘脐橙的场景，可以展示他们专注的表情和细致的工作状态，增强观众对农产品来源的了解和认同感，如图3-2（b）所示。

第三，远景。远景是摄取远距离景物和人物的一种运镜方式。这种画面可使观众在银幕上看到广阔深远的景象，以展示人物活动的空间背景或环境气氛。在远景中，人物在画幅中的大小通常不超过画幅高度的一半，主要表现开阔的场面或广阔的空间，因此这样的画面在视觉感受上更加辽阔深远，节奏上也比较舒缓，一般用来表现开阔的场景或远处的人物。

在"三农"视频拍摄中，远景展示常用于展现田园的全貌和环境。通过远距离拍摄，可以将广阔的田野、连绵的山脉以及蔚蓝的天空一同纳入画面，营造出壮丽的景象。

例如，拍摄一片脐橙果树林在风中摇曳的场景，可以展示出水果的生长环境。这种画面不仅具有视觉冲击力，还能让观众感受到农产品的天然性，如图3-2（c）所示。

（a）近景　　　　　（b）中景　　　　　（c）远景

图3-2　常见拍摄角度

通过近景、中景和远景的结合，视频能够多角度、全方位地展示农产品及其背后的故事，使内容更加丰富和有层次感，从而更好地吸引观众的注意力，提高视频的传播效果。

3.1.4 合理运用拍摄技巧

在视频拍摄过程中，合理运用特写和慢动作等拍摄技巧，能够极大增强视频的视觉冲击力，使观众的观看体验更加丰富。这些技巧通过强调细节和动作，使内容更具吸引力和感染力，从而能够更好地传达视频的核心信息。

3.1.4.1 特写镜头

特写镜头是增强视觉冲击力的有效手段之一。将镜头靠近拍摄对象，能够突显细节，增强画面的表现力和层次感。在拍摄农产品时，特写镜头能够非常细腻地捕捉到各种肉眼难以察觉的微小细节，例如蔬果表面的纹理、晶莹的水珠反光或细腻的叶片脉络。这种高度细致的展示方式，不仅能够吸引观众的目光，还能让他们直观感受到农产品的质感和新鲜度，进一步增强对产品的信任感。例如，在拍摄新鲜的草莓时，特写镜头可以细腻地展示草莓表面的毛细纹理、果肉的丰润多汁感，以及上面微微闪烁的露珠。通过这些细节的展现，观众会对产品产生更为直观的印象，增强购买欲望。

特写镜头不仅限于农产品的拍摄，在展示农业生产、农村风貌等场景时同样具有极佳的表现力。例如，当拍摄农民劳作时，特写镜头可以集中展示他们双手上因长年劳作而形成的茧子、粗糙的皮肤以及他们专注的神情，如图 3-3 所示。这些细节能够更加深刻地传达劳动的艰辛与农业生产的真实感。特写镜头还能够突出农具、农业机械的工作细节，如镰刀切割稻穗的瞬间、拖拉机翻起泥土的场景等，通过这些细节的展示，观众能够对整个农业生产过程有更深入的理解，并产生共鸣。

图 3-3　农民手部特写

此外，特写镜头还能在视频创作者表达情感时起到重要作用。例如，在展示农民丰收时的喜悦时，可以用特写镜头捕捉他们开心的笑容或微湿的眼眶，这些细节的情感表达能够大大增强观众的情感共鸣，使整个视频更加有温度和感染力。

3.1.4.2　慢动作拍摄

慢动作拍摄是一种能够营造戏剧效果和增强视觉冲击力的技巧，其通过降低视频播放的速度，放慢动作并放大细节，从而增加画面的张力和观赏性。在农业场景中，慢动作拍摄可以将某些精彩瞬间放慢呈现，使观众对画面的每一个细节有更为清晰的感知和体验。

例如，在展示农民收割稻谷的场景时，使用慢动作可以捕捉稻穗被镰刀割断后缓缓倒下的瞬间，强化收割过程的力量感和劳动的节奏感。通过慢动作处理，观众不仅能够感受到收割的细节，更能够体会到丰收时的喜悦与满足。这种慢动作的使用使得原本普通的劳作场景变得更加富有张力和戏剧性，令观众印象深刻。

同样，在展示自然景观或农产品加工过程时，慢动作也能够发挥重要作用。例如，在展示农产品的加工过程中，使用慢动作拍摄能够清晰展现每一个制作环节的细腻之处，如面粉洒落时扬起的粉尘、牛奶倒入容器时漾起的波纹，这些细节通过慢动作放大，能够让观众感受到制作过程中的每一个精彩瞬间，进一步增强对农产品品质的认可。

慢动作不仅仅是一种视觉效果的强化工具，它还能够传达更多的情感信息。在拍摄一片田野中风吹麦浪的场景时，慢动作能够放大麦浪随风摇摆的优美画面，使得这一静谧且富有诗意的场景变得更加动人。观众在观看时，会被这种细腻的画面深深吸引，产生更多的情感共鸣。

特写镜头和慢动作拍摄不仅可以独立运用，还可以结合使用，进一步增强视觉效果，使视频内容更具吸引力和感染力。特写镜头的细腻展示与慢动作的放大处理，能够让观众对某些瞬间产生更深刻的记忆。

例如，在拍摄蜂蜜滴落的场景时，可以首先使用特写镜头，将镜头聚焦于蜂蜜滴落的过程，捕捉每一滴蜂蜜缓缓下落时的光泽与质感。随后，通过慢动作技术，将蜂蜜滴落的速度放慢，展示出蜂蜜滴落时的黏稠感以及优美的滴落轨迹。蜂蜜的光泽与流动的轨迹相得益彰，这种细腻的展示不仅增强了画面的视觉冲击力，还能让观众产生一种愉悦感和沉浸感。

这种结合使用的手法，在展示农产品加工过程、农业生产活动等场景时，同样具有极强的表现力。例如，在制作传统手工食品时，特写镜头可以捕捉到制作过程中双手灵巧的动作，而慢动作则可以将这些动作放大展示，突出手工艺的精细与美感。这不仅能够增强视频的视觉表现力，还能够传递出制作过程中匠人的专注与匠心精神，令观众更为动容。

3.1.4.3 跟拍技巧

跟拍是一种非常重要的拍摄技巧，尤其适用于需要展示动作过程或动态场景的场合。在"三农"短视频拍摄中，跟拍技巧可以用于捕捉农民劳作时的连贯动作、农产品运输过程以及自然环境中的动态变化等。拍摄对象的运动轨迹，能够让观众感受到画面的流动性和真实感，使视频更具活力和互动性。

例如，在拍摄农民耕田的过程中，可以跟随农具的移动轨迹，从侧面或后方紧随其后，捕捉农民耕作时的每一个动作。这种手法能够展现出农民劳动的连贯性，让观众仿佛置身于现场，感受到劳动的节奏与力量感。跟拍的好处在于，它能够让观众始终保持对主体动作的关注，同时也能够通过画面中的背景变化提供丰富的场景信息，增加视频的故事性和现场感。

在跟拍时，保持画面的稳定性尤为重要。为了避免画面晃动，可以使用专业的稳定设备，例如稳定器或滑轨，确保拍摄过程中镜头的平滑移动。如果没有专业设备，摄影师也可以通过自身的动作控制，比如缓慢而均匀地移动脚步来减少晃动。此外，跟拍还可以结合慢动作使用，放大某一特定动作的细节，例如对农民收割进行跟拍，然后通过慢动作展示稻穗被收割的瞬间，进一步增强视频的戏剧性和观赏性。

3.1.4.4　跟拍的应用场景

跟拍技巧适用于各种农业生产活动。例如，在拍摄放牧的场景时，摄影师可以跟随牧民和牲畜的脚步，记录牧民和牲畜穿过草原或山丘的过程，让观众体验到环境的广阔与自然的生机。在农产品运输环节中，跟拍可以展示产品从采摘、装箱到装车运送的整个过程，让观众看到从田间到市场的完整链条，增加对农产品生产和流通的了解。

此外，跟拍也可以用于展示农业机械的工作过程。通过跟随机械的运转轨迹，视频可以更直观地展示机械的操作方法、工作原理以及工作效率等。这种动态的拍摄方式能够增加画面的趣味性和观赏性，使观众在观看过程中始终保持兴趣。

3.1.4.5　镜头推拉技巧

镜头推拉是指通过改变镜头与拍摄对象之间的距离，来实现画面构图的变化，通常包括推镜头和拉镜头两种方式。推镜头是指镜头逐渐靠近拍摄对象，用于突出主体，增强视觉冲击力；而拉镜头则是镜头逐渐远离拍摄对象，用于展示更广阔的场景，增强画面的空间感和层次感。在"三农"短视频拍摄中，镜头推拉可以帮助丰富画面构图的层次，增强视频的视觉效果和叙事能力。

推镜头能够将观众的注意力集中到某一特定对象上，常用于强调细节或突出人物的表情。例如，在拍摄农产品时，使用推镜头逐渐靠近一颗新鲜的苹果，可以展示其表面的纹理、色泽和光亮，进一步突出产品的质感和新鲜度。这种手法能够吸引观众的注意力，增强产品展示的效果。

在拍摄人物时，推镜头可以用于展示农民的面部表情、手工操作的细节等。例如，在拍摄农民手工制作某种传统食品时，推镜头可以从全景慢慢推进到农民的手部动作，捕捉他们在操作中的精细和专注。这种镜头的运用可以增强观众对劳动细节的感知，使他们对传统工艺和农民的辛勤劳动产生更多的尊重和共鸣。

相较于推镜头，拉镜头更多用于展示宏大的场景或揭示更广阔的背景。例如，在拍摄田间风光时，可以逐渐将镜头从一小片庄稼拉开，展示整个农田的广阔和壮丽，或者拉出整个村庄的全景，让观众对农村的整体风貌有更直观的感受。这种手法不仅能够增强画面的层次感，还能让观众感受到场景的规模和气势。

拉镜头还可以用来揭示拍摄对象与周围环境的关系。例如，当拍摄农民与田间农作物时，拉镜头可以从农民的特写慢慢拉远，展示出他们在广阔田野中的位置，突显劳动者与自然之间的和谐关系。这种镜头切换能够增强画面的叙事性和故事感，让观众更好地理解视频中的场景变化和情节发展。

推镜头和拉镜头在实际拍摄中常常结合使用，以达到更好的叙事效果。例如，在一个农产品展示视频中，开始可以通过拉镜头展示整个果园的全貌，让观众对环境有一个大致的了解，然后逐渐使用推镜头，靠近某一个具体的水果，展示其细腻的纹理和鲜亮的表皮。通过这种推拉镜头的组合运用，视频不仅能够展示宏观场景的壮丽，还能突出微观细节的魅力。

3.1.4.6 其他拍摄技巧的辅助运用

除上述常见的拍摄技巧外，还有许多其他拍摄技巧可以辅助增强视频的整体效果。例如，俯拍、仰拍、航拍、定格、快进、延时摄影、环绕拍摄等，都有助于丰富视频的画面层次，增强动态效果，同时还能够提升观众的观看体验，使内容更加生动、引人入胜。

3.1.5 使用手机进行拍摄和剪辑的详细步骤

用手机进行拍摄之前，首先要进行设备检查，检查内容包括：确保手机电量充足、存储空间充足、镜头干净。其次，需要提前下载并安装剪辑软件，推荐使用"快影""剪映""快剪辑"等软件。后文会以"快影"为例进行实操讲解。下面我们来看看使用手机进行拍摄的流程。

步骤一：打开相机应用

找到相机应用：在手机的主屏幕或应用列表中找到并点击"相机"图标，如图 3-4（a）所示。

选择视频模式：打开相机后，滑动屏幕或点击界面上的"视频"或"录像"选项，切换到视频拍摄模式，如图 3-4（b）所示。

步骤二：设置拍摄参数

分辨率设置：点击屏幕上的设置图标（通常是一个齿轮形状）或功能标识，找到"分辨率"选项，选择 1080P 或 4K。

帧率设置：在设置中找到"帧率"选项，选择 30fps 或 60fps。

稳定功能：开启"视频防抖"功能，以减少拍摄时的抖动，如图 3-4（c）所示。

（a）点击"相机"　　　　（b）切换拍摄模式　　　（c）设置拍摄参数

图 3-4　设置相机

步骤三：开始拍摄

选择拍摄场景：找到合适的拍摄场景，例如农田、果园、养殖场等。在农田中拍摄时，建议选择作物生长旺盛的季节，以展现丰收的景象，传递出自然和谐的氛围。在果园拍摄时，选取果实累累的枝头，能够突出水果的成熟度与新鲜感，增强产品的视觉吸引力。对于养殖场，则可以选择光线充足且干净整洁的区域，拍摄健康、活泼的家禽或牲畜，以体现良好的养殖环境和高品质的农产品来源。不同的场景能为视频增加独特的色彩和层次感，使观众更容易产生情感共鸣，进而增强对产品的信任与认同感。

调整构图：根据需要调整手机的拍摄角度和距离，确保画面构图合理。适当的画面构图可以使拍摄的画面富有表现力和艺术感染力。画面构图的布局元素主要包括被摄主体、陪体、前景、背景、留白等，如图3-5所示。

图3-5 农耕图

被摄主体是画面构图的核心元素，可以是人物、农作物、农产品等，它是画面主题思想的直接表现者，也是画面结构的中心，通常是画面中最明显、最具有吸引力的元素。在进行画面构图时，一方面要明确被摄主体，另一方面要处理好被摄主体在画面中的位置，以突出被摄主体。

除被摄主体以外的其他元素称为陪体，它对被摄主体起陪衬作用，是对被摄主体的补充和说明。陪体在画面中与被摄主体要么有紧密联系，要么能够辅助被摄主体表达画面主题。

前景是画面中位于被摄主体前的景物，也是画面中距离视线最近的景物。选择的前景要与主题内容或被摄主体相互衬托、呼应。聚焦主体时，前景往往虚化，起到烘托氛围的作用。

背景是位于被摄主体后面的景物，用来衬托被摄主体，突出被摄主体，向观众交代被摄主体所处的环境，丰富被摄主体的内涵。

留白是画面构图中比较微妙的元素，在画面中留下一定的空白区域，能够使画面简洁以突出被拍摄主体，从而增强画面效果，同时给观众留下想象的空间。

开始录制：按下红色的录制按钮，如图3-4（c）所示，开始拍摄。拍摄时尽量保持手稳或使用三脚架固定手机。

步骤四：基本拍摄技巧

在拍摄"三农"短视频时，多角度拍摄是提升画面丰富性和视觉吸引力的重要技巧。通过灵活调整拍摄角度和拍摄距离，可以使同一场景呈现出不同的视觉效果，赋予视频更强的趣味性和层次感。每个角度都能够捕捉到不同的细节，使观众更全面地感受到农产品的特性或农村生活的独特魅力。常用的拍摄视角有：平角度视角、仰角度视角、俯角度视角等。

平角度视角指的是拍摄者的设备（如手机或摄像机）与被摄主体保持相同的高度，使得拍摄对象在画面中的比例不会发生明显的改变。采用这种视角进行拍摄，可以让画面更加自然、真实，符合人眼的日常观察习惯，增强观众的亲切感和代入感。平角度视角特别适合在记录生活的短视频中使用，因为它能够还原农村的日常场景和农民的劳动过程。例如，当拍摄农民在田间劳作或展示农产品时，平视的角度可以让观众感觉自己仿佛置身其中，正在与视频中的人进行互动。这种视角不仅能使观众更加贴近内容，也能加强他们对农村生活的理解和认同。如图 3-6（a）所示，平角度拍摄的农村河边，让观众感觉自己仿佛就站在岸边眺望。

仰角度视角是指拍摄者在拍摄时将设备位置降低，使其低于被摄主体，从而形成一种从下向上看的独特视角。这种拍摄方式能够有效地增强被摄主体的视觉冲击力，使其看起来更加高大、茂盛。在"三农"短视频中，仰角度视角特别适合拍摄农作物的生长情况。例如，当镜头对准高大的玉米或葵花时，这种角度能够突出作物的生长态势，传递出丰收的喜悦。此外，当背景为天空时，仰角度还能有效简化画面的构图，去掉复杂的背景元素，将观众的视线集中于主体上。这种手法不仅增加了画面的层次感，还能增强视频的情感表达，带给观众一种向上的力量和积极的视觉体验。如图 3-6（b）所示，手机从下往上拍摄的玉米秆，显得格外粗壮。

俯角度视角是指拍摄者在拍摄时将设备置于高于被摄主体的位置，从而形成一种从上往下看的视角。这种视角能够使画面呈现出独特的空间感和层次感，特别是在拍摄大面积场景时，能够有效展现开阔的视野。当采用俯角度视角拍摄时，靠近镜头的景物看起来较小，而远离镜头的景物则显得较大，这种视觉效果可以增加画面的纵深感，使空间显得更加宽广和有层次感。在"三农"视频中，俯角度视角常用于展示农田、果园等大面积的自然场景或农业生产场景，让观众能够一览无余，感受到农村生产的蓬勃活力。如图 3-6（c）所示，从上往下拍摄的青菜叶子，可以清晰看见上面的虫洞，特别真实。如果"三农"视频创作者能购置无人机等辅助设备，俯角度拍摄的全景会更加震撼。

（a）平角度　　　　　　（b）仰角度　　　　　（c）俯角度

图 3-6　常见拍摄角度

3.2　苦练：制作具有吸引力的视频

3.2.1　选择合适的视频剪辑软件

初学者推荐：快影、剪映、快剪辑。

进阶用户推荐：Adobe Premiere Pro、Final Cut Pro。

本书中的视频剪辑实操案例采用了"快影"软件作为主要工具。"快影"是快手旗下的一款非常简单易用的短视频后期剪辑工具，专为普通用户设计，即便是没有专业剪辑经验的用户也能轻松上手。"快影"拥有强大的视频剪辑功能，支持多种剪辑效果，例如视频的快速剪切、拼接、转场等，能够灵活满足不同场景下的剪辑需求。同时，软件内置了丰富的音乐库，涵盖了多种类型的音乐，用户可以根据视频内容选择适合的背景音乐，使视频更具情感表达力和节奏感。此外，"快影"还提供了许多新式的封面模板，用户只需简单操作，就能为自己制作的短视频加上个性化的封面，进一步增强视频的吸引力并提高点击率。

3.2.2 操作剪辑软件完成视频创作

步骤一：下载并打开剪辑软件

在软件商店找到应用：搜索"快影"，找到"快影"图标，点击"安装"或"下载"，如已经安装过，则点击"打开"，如图 3-7（a）所示。其他同类剪辑软件的安装方法是一样的。

安装下载完成后，手机桌面会有"快影"图标，如图 3-7（b）所示。"快影"的基本功能有：修剪视频、添加字幕、添加音频、变速、抠像、蒙版、动画、转场、特效、字幕、滤镜、调节等。农民朋友在使用"快影"的时候，不用纠结于使用很多功能，只要学会剪辑视频、添加字幕、添加音频即可。其他功能可以在以后逐步熟悉。

单击"快影"图标，进入"快影"视频剪辑平台，如图 3-7（c）所示，界面的菜单栏中有"一键出片""AI 创作""营销成片""音乐 MV"等功能。

| （a）下载 | （b）图标 | （c）主页面 |

图 3-7 "快影"的安装

步骤二：创建新项目

在"快影"编辑平台，单击左上方按钮"开始剪辑"的"+"号，或下方"去创作"按钮，或最下方"创作中心"，都可以开始一个新的视频编辑项目，如图 3-8（a）所示。

第一次使用"快影"的农民朋友，推荐点击"创作中心"，点击后可以通过"做任务"的方式，由浅入深，逐步熟悉"快影"剪辑，如图 3-8（b）所示。

如果在操作过程中遇到问题，可以通过页面上方的"教程课堂"找到自己不明白的知识点，看视频解决问题，如图 3-8（c）所示。

3 "三农"短视频的精武器：拍摄和剪辑

（a）开始创作　　　　（b）做任务　　　　（c）教程课堂

图 3-8　创建新项目

步骤三：导入素材，编辑视频

导入视频/图片素材：在创建的新项目中，选择要编辑的视频或图片素材。可以从手机相册中选择提前准备好的照片和视频（新手推荐采用此种方式），或者直接录制新视频。视频和照片可以混合选中，在展示的素材中，右下角有时间标志的说明素材为视频，点击照片和视频右上角的圆圈，即为选中，如图 3-9（a）所示。

被选中的素材会有红色阴影覆盖。被选中后素材的右上角显示的数字顺序，就是剪辑后成片视频中素材展示的先后顺序。如果有误选项，可以点击左下方选中图片右上角的"×"号去掉。选好需要的素材后，点击右下角"选好了"按钮，进入后面的剪切操作流程，如图 3-9（b）所示。

如果素材不充分，可以借助"快影"提供的"素材库"完成视频，但注意有"VIP"标识的素材是需要缴费成为会员才能使用的，选择免费的素材可以直接使用，如图3-9（c）所示。

  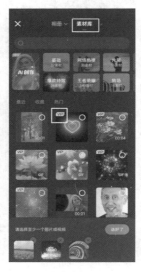

（a）列表   （b）选中素材   （c）素材库

图 3-9 导入素材，编辑视频

剪切视频：图3-10是剪辑平台的操作界面，最下排的框中有"剪辑"按钮，用于剪辑视频；"音效"按钮，用于添加音频；"字幕"按钮，用于添加字幕；"特效"按钮，用于添加各类效果；把框往左移动，还会出现更多诸如"滤镜""贴纸""画中画"等多个按钮。

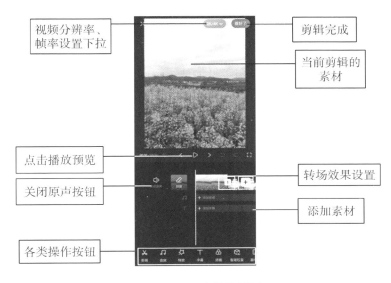

视频分辨率、帧率设置下拉

剪辑完成

当前剪辑的素材

点击播放预览

转场效果设置

关闭原声按钮

添加素材

各类操作按钮

图 3-10　平台操作界面

农民朋友第一次接触"快影"，可以花一些时间，逐个点击图 3-10中的各操作按钮，看看点击之后的界面，先熟悉界面，再来使用它的功能。

下面展示一些常用功能的使用方法。

调整速度：可以对视频进行加速或减速。加速视频能够让原本较长的场景在短时间内迅速呈现，适合用来展示较为缓慢但重要的事件的发展。例如，在拍摄农作物生长、农村建设等过程时，通过加速可以让观众快速了解整个过程，既能保持事件的完整性，又避免了冗长的叙述，从而调动了观众的观看兴趣和注意力。而减速视频则能够让动作和细节更加突出，增加画面的戏剧效果。当展示某个关键瞬间时，例如收割农作物的动作、牲畜奔跑的场景，或者展示重要的产品时，减速处理能够让观众更清晰地捕捉到细节，增强情感共鸣和视觉冲击力。通过合理运用加速与减速的手法，可以有效增强视频的节奏感和观赏性，使观众更深刻地体会到视频中传达的情感和信息。

添加转场效果：主要作用是平滑地连接两个不同视频的画面。一个流畅的转场可以使视频内容在场景切换时显得更加自然、连贯，减少观众在观看过程中的不适或困惑。特别是在展示不同场景或时间节点时，合理使用转场效果能够帮助观众更轻松地跟随视频的节奏，从而更好地理解和融入故事情节。例如，渐变转场可以使场景从一个镜头逐渐淡出，再慢慢融入下一个镜头，让视频看起来更加有温度和具有连贯性。通过巧妙运用多种转场效果，能够使视频不仅在视觉上更加丰富，也能有效地保持叙事的流畅性，增强观众的观看体验。

添加文字和字幕：点击"文本"或"字幕"选项，为视频添加文字说明或字幕，选择合适的"字体"和"样式"，还有"模板""花字""动画"等选项，如图3-11（a）所示。

添加音乐和音效：在"音频"选项中，可以添加背景音乐或音效。可以从"快影"的音乐库中选择，根据歌曲名称或歌手搜索匹配合适的音乐，或者导入自己预先保存在手机里的音乐文件，如图3-11（b）所示。例如，在农民朋友录制的节日视频中常常用到《好运来》这首歌曲，其曲风欢快、喜庆祥和，让整个视频都洋溢着欢乐的气氛。

使用滤镜和特效：点击"滤镜"或"特效"选项，应用喜欢的效果来增强视频的视觉表现力。滤镜可以改变视频的色彩和对比度，使视频更加生动、逼真和吸引人。添加特殊效果，比如模糊、漫画或黑白滤镜，可以增强视频的视觉吸引力，使其更具艺术感和表现力。滤镜也可用于隐藏视频中的瑕疵，比如色彩不均匀或噪点。可以使用色彩平衡滤镜来调整色彩，或使用去噪滤镜来减少噪点，从而使视频更加清晰和精细。

预览和调整：完成编辑后，可以点击"预览"按钮查看效果。如有需要，可继续微调视频内容。

步骤四：视频导出和分享

当对视频编辑频感到满意后，点击"做好了"按钮，如图3-11(c)所示，然后将视频保存到相册或者直接分享至社交媒体平台，如快手、微信、抖音、微博等。

（a）添加文字和字幕　　（b）添加音乐和音效　　（c）完成编辑

图3-11　制作视频

3.2.3 运用"文案成片"功能

使用"快影"的"文案成片"功能，能够帮助对编辑不太熟悉的农民朋友快速将输入的文案一键转换成短视频。在"文案成片"的短视频基础上再来调整和编辑，往往比从零做起要简单许多。

步骤一：选中"文案成片"功能

点击"快影"图标，在"快影""剪辑"界面功能栏中找到"文案成片"按钮，如图3-12（a）框中所示。点击"文案成片"按钮后，出现"文案成片"编辑界面，如图3-12（b）所示，点击图3-12（b）框中"自由创作"按钮，进入文案编辑界面，如图3-12（c）所示。

步骤二：完成短视频需要的文案

进入"自由创作"界面后，需要完成视频文案的创作。可以手动编写一段话，也可以复制粘贴已经写好的文案，还可以采用"链接提取""视频提取""AI帮我写"，以及从"文案库"选择等多种方法完成文案，如同图3-12（c）所示。

部分功能会涉及付费或VIP会员才能使用，如果没有预算，直接跳过，不使用即可。在完成文案内容后，点击图3-12（c）右上角的"生成视频"按钮。

（a）点击"文案成片"　　（b）"文案成片"界面　　（c）编辑界面

图3-12　在"文案成片"功能下编辑文案

步骤三：选择短视频需要的素材

点击"生成视频"后，会有三种方式供选择，分别是"AI生成素材"（AI根据文案，生成图片、视频素材）、"自由选择素材"（手动添加自己的/素材库素材）和"AI数字人"（根据文案生成数字人口播视频）。其中，"AI生成素材"功能是VIP会员功能，需要付费才能使用；而"AI数字人"播报生硬不接地气，不建议使用。这里给农民朋友演示的是"自由选择素材"方式，如图3-13（a）所示。

点击"自由选择素材"，可以在自己的相册中选择照片或视频加入编辑。点击照片或视频，选中的照片或视频会展示到界面下方，如图3-13（b）所示。

根据文案的长度和内容，"快影"会提示您选择素材的数量。如图

3-13（c）所示，本案例中，软件提示"建议选择 3 个素材，智能匹配文案"。完成素材选择后，点击"选好了"按钮。

（a）以"自由选择素材"为例　　　（b）选择素材　　　（c）完成素材选择

图 3-13　"自由选择素材"方式

步骤四：在"文案成片"的视频上再创作

在图 3-13（c）界面点击"选好了"按钮后，系统开始按照文案进行视频创作，如图 3-14（a）所示。

生成视频后，可以通过"画面""配音"等按钮对系统生成的视频进行再创作。如图 3-14（b）所示：点击"画面"按钮，选择要更换的画面，然后点击"点击替换"按钮，可以完成画面的替换；点击"配音"按钮，可以根据需要更换配音风格。

点击图 3-14（b）中的"进入剪辑"，可以对短视频进行更专业的剪辑，如图 3-14（c）所示。在视频剪辑界面，可以用前面章节介绍的方法，对视频、音乐、文字、音效、转场等进行更为细致的调整。

当视频效果达到要求后，点击图 3-14（c）上面框"做好了"按钮，即可导出视频。

（a）创作中　　　　（b）更换画面和配音风格　　　（c）剪辑界面

图 3-14　视频再创作

3.3　巧思：提高农产品销量和利润的技巧

3.3.1　制作故事性视频

通过将农产品的种植、采摘和加工过程制作成具有故事情节的视频，不仅能让观众更深入地了解产品的来源，还能使观众建立起对产品的信任，产生情感共鸣。

首先，视频可以从农产品的生长环境切入，展示农场的自然风光和良好的种植条件，凸显农产品天然和绿色的特点。其次，详细记录农民们在种植和采摘过程中的辛勤劳作，展示他们对每一个细节的专注和用心，增强消费者对产品质量的信赖。最后，通过展现加工和包装过程，确保观众看到农产品从田间到餐桌的每一步都经过严格把控，从而强化产品的安全性和可靠性。这样的内容不仅能够吸引消费者的注意，还能通过情感化的叙事方式让他们产生共鸣，最终提高农产品的知名度和销量。

3.3.2　利用热点和节日营销

结合节日和热点事件来制作相关视频是一种非常有效的策略，可以大幅度提高视频的曝光率和点击率。

在传统的如春节、中秋节，或现代的如"双十一"购物节、母亲节等期间推出应景的视频，能够更好地吸引观众的注意力。例如，在春节期间，可以制作一段展现丰收喜悦和年货准备的短视频，结合热闹的节日气氛和家乡的风土人情，唤起观众对家乡和亲人的思念。

同时，及时捕捉社会热点事件，如新品种农产品的上市、环保倡议的推广等，并围绕这些热点制作有趣且富有教育意义的视频，能够引发观众的共鸣和讨论。这样的视频不仅顺应当下的趋势，还能与观众建立更强的情感连接，从而增强视频的传播力度，提高观众的参与度，最终实现更高的曝光率和点击率。

3.3.3　合作推广

还可以与"三农"相关的"网红"进行合作拍摄视频，这是一种非常有效的推广策略，能够借助"网红"的影响力迅速提升产品的知名度和市场认可度。

农业"网红"通常拥有大量的粉丝，他们在农业领域具有较高的权威和可信度，通过他们的推荐，观众更容易对产品产生信任感。合作时，可以邀请"网红"深入农场或生产基地进行实地探访，拍摄并展示产品的种植、采摘及加工过程，让观众看到产品的来源和质量保障。同时，"网红"可以结合自己的个人风格和创意，制作独特且有吸引力的视频内容，例如参与农产品的采摘、进行烹饪教学或分享健康食谱，从而激发观众的兴趣和购买欲望。

这种合作不仅可以让更多人了解和认可农产品，还能利用"网红"的社交媒体渠道，实现更广泛的传播效果，快速提升产品的销量和品牌影响力。

3.3.4　互动促销

设计互动游戏或抽奖活动，可以激发用户的兴趣和积极性，吸引他们主动参与并分享活动，从而提高农产品的销售额。

例如，可以在社交媒体平台上发起一个与农产品相关的互动游戏，如猜谜、拼图或知识问答等，用户完成任务后有机会赢取产品折扣券或免费试用装。这样的活动不仅能够提高用户的参与度，还能加深他们对产品的了解和认知。同时，抽奖活动也是吸引用户的好方法。设置丰厚的奖品，如农产品礼盒，或提供实地参观农场的机会，能够鼓励用户参与，扩大活动的影响范围。

互动游戏和抽奖活动能够增加用户与品牌之间的互动，使用户感受到品牌对其的关怀和重视，从而增强他们对农产品的好感和信任感，最终促使他们实施购买行为，并且在社交圈中自发地推广农产品，达到提升农产品销售业绩的目的。

3.3.5 优化视频发布策略

选择用户活跃的时间段发布"三农"视频是提高视频曝光率和点击率的关键策略。通过研究用户的行为习惯可以发现，早上8—10点和晚上6—8点是用户在线活跃度较高的时间段。

早上8—10点正是人们开始一天的活动，如通勤或享用早餐的时间，这段时间内，用户通常会利用碎片化的时间浏览社交媒体。此时发布视频，可以让用户在早间接触到新鲜有趣的内容，从而提升视频的初始曝光量。

同样，晚上6—8点是一天的工作或学习结束后，用户放松和娱乐的时间。这段时间内，用户更倾向于花时间观看视频、参与互动以及分享内容。在这个时间段发布视频，可以更有效地吸引用户的注意力，增加观看和分享的概率。此外，在用户活跃的时间发布视频，也能更快地积累评论和点赞数，形成更高的互动率，从而推动视频在社交平台的进一步传播，最终提高品牌的知名度和产品的销售额。

4 "三农"短视频的锦上添花：直播技巧

仅仅上传短视频还不足以和粉丝深入沟通，这时，直播就成为更好的账号营销手段。尤其在"三农"领域，"三农"产品需要更"接地气"。通过直播可以更直观地展示农产品，拉近与消费者的距离，提升销售量，增强品牌影响力。本章将详细介绍如何运用有效的直播技巧，使"三农"短视频如虎添翼。

4.1 创建"三农"视频号专属的直播间

4.1.1 选择合适的平台

抖音、快手、淘宝直播等都是目前比较热门的平台。选择合适的平台，能够更好地接触目标用户群体。在开始直播前，需要做好账号设置，根据平台要求完善账号信息（本书第一章已经对此进行了详细的讲解，读者可以根据图示步骤，完成快手账号的注册和登录），确保直播权限已开通。表4-1为2020年主流电商类直播平台对比分析。

常用直播平台对直播身份的要求或限制如下。

4.1.1.1 抖音达人

开播需要完成实名认证，其他没有要求。但如果是手机直播且要挂橱窗带货，则要求：粉丝数≥1 000人，已经发布10条及以上视频，已缴纳500元保证金，只能在精选联盟选货，不能卖自有产品。如果是用电脑直播带货，则要求粉丝≥500人，最近15天发布≥8条有效视频（必须是开播5天前），或者连续5天每天开播满25分钟。

表4-1　2020年主流电商类直播平台对比分析

平台分类	平台名称	入驻条件	服务群体	用户流量	适合的时间或内容定位
电商类直播平台	淘宝	个人店铺可开店铺达人，主播需达人账号2级以上，粉丝数量超4万人，MCN机构主播入驻	一、二线城市消费群体为主	月活跃用户7亿人	品牌商品
	京东	暂不支持达人主播店铺，主账号可开通MCN机构主播入驻	男性群体	月活跃用户0.9亿人	3C产品为主
	拼多多	达人主播实名认证，MCN机构主播入驻	下沉市场为主	月活跃用户2.5亿人	有下沉需求的品牌商品
内容转电商类直播平台	抖音	店铺主播需营业执照，达人主播需视频数量超过10个，粉丝数量超过1 000人	以都市青年为主，主攻南方市场中的一、二线城市消费群体	月活跃用户4.6亿人	内容充实、创意性强的商品
	快手	实名认证，售卖自有产品，需缴纳保证金	主攻北方城市中三、四线城市消费群体	月活跃用户2.6亿人	有较多粉丝积累的商品

4.1.1.2　快手达人

开播首先需要完成实名认证。如果在快手选品平台选货，则对直播没有要求；如果要卖自有产品，则需要完成商家认证，确保销售的产品必须符合国家相关法律法规的要求，如食品、化妆品等需具备相应的检验检疫证明。

4.1.2 提前宣传

在直播前通过短视频、图文等方式进行预热宣传，告知粉丝直播时间和内容，提高直播的关注度。通过预热宣传，可以为即将到来的直播活动造势，让更多粉丝了解直播的时间、内容和亮点，进而提高对直播的期待和关注度。宣传方式多种多样，通常包括发布短视频、图文、海报等，这些内容能够以多样的形式被推广，从而吸引更多潜在观众的注意。

4.1.2.1 短视频是预热宣传中的重要工具

主播可以利用短视频平台提前发布相关内容，简单介绍即将在直播中展示的产品或服务，还可以透露一些特别优惠、独家新品等内容。这类视频通过生动有趣的形式吸引粉丝，让他们产生兴趣，同时鼓励他们设置提醒、准时观看。短视频的直观性和娱乐性使得它在吸引粉丝注意、传播直播信息方面具有独特的优势。

4.1.2.2 图文是非常有效的预热手段

通过社交媒体，如微信公众号等平台发布图文消息，可以详细介绍直播的时间安排、具体产品清单以及优惠活动的细节。图文内容更适合喜欢阅读的用户，精美的图片和文字组合能够增强宣传效果。设计精良的海报或精心撰写的文章可以增加直播的专业性与吸引力，进一步满足观众的期待。

4.1.2.3 互动性是预热宣传中的一大亮点

通过举办倒计时活动、提前开启直播预约功能，甚至设置抽奖、问答等互动环节，可以有效提升粉丝的参与感。提前与观众进行互动，不仅能够增加观众的黏性，还能帮助主播更好地了解粉丝的兴趣点和需求，确保直播内容更加符合观众的期望。

4.1.3 创建直播间

创建直播间之前，还需要做好以下准备。

一是明确直播主题。

明确的主题能够有针对性地吸引有兴趣的观众，如农产品展示、农村生活分享、农业技术讲解等。当然也有生活类家常"唠嗑"型直播间，这种类型的直播间对主播本身语言能力的要求比较高。

二是直播间布置。

选择光线充足的地点，布置简洁干净的背景，最好能体现农村的特色或产品的特点。不同的平台对直播的地点有明确要求，可以通过查看直播平台具体规定或致电客服来了解。

三是设备准备。

准备高清摄像头、麦克风等直播设备，确保直播过程中的画面和声音清晰流畅。

本章以快手平台为例，进行具体讲解。

步骤一：准备工作

（1）下载并安装快手 App。确保您的手机上已经下载并安装了最新版的快手应用。

（2）注册并登录账号。如果您还没有快手账号，需要先注册一个账号并登录。

步骤二：获取直播权限

（1）实名认证。在快手平台中，直播需要进行实名认证。点击个人主页面右上角 "☰" 进入 "设置" 页面，选择 "账号与安全"，如图 4-1（a）所示。然后点击 "实名认证"，会收到相关提示，阅读了解后，点击 "我知道了"，如图 4-1（b）所示。按照提示完成实名认证，上传身份证人像面和国徽面，点击选中 "已阅读并同意《人脸验证协议》和《实名认证服务协议》"，如图 4-1（c）所示。

（2）申请直播权限。在实名认证通过后，进入 "设置" 页面，选择 "直播中心"，然后点击 "申请直播权限"，按照平台要求提交申请，即可以开始直播。

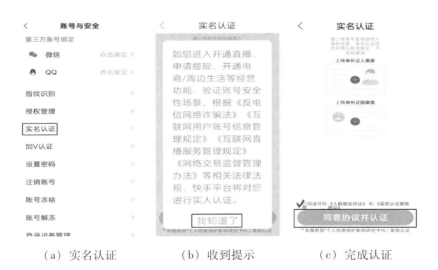

（a）实名认证　　　　（b）收到提示　　　　（c）完成认证

图 4-1　获取直播权限

步骤三：创建直播间

（1）打开快手 App。打开快手应用，确保已经登录账号。

（2）进入直播页面。点击主页下方的"+"按钮，如图 4-2（a）框中所示。选择"直播"选项，如图 4-2（b）三角形框中所示。

（3）设置直播信息。点击图 4-2（b）长方框中位置，可以修改直播标题。填写一个简洁明了且吸引人的直播标题，例如"有机蔬菜采摘直播""乡村农产品直播带货""农村小妹带你做美食"等。

（4）完善直播封面。点击图 4-2（b）圆形框中位置，可以修改直播封面。选择一张高清、有吸引力的图片作为直播封面，可以是农产品照片或直播场地的照片。

（5）创建直播预告。为了最大限度地提醒粉丝和亲朋好友来直播间互动，最好的方式是在直播前，创建直播预告，如图 4-2（c）所示，可以预告直播时间和直播内容。

（a）进入直播页面　（b）设置直播信息和封面　（c）创建直播预告

图 4-2　创建直播间

（6）选择直播模式。快手平台的直播模式有两种：普通模式和电商模式。

一是普通模式。普通模式是最基础的直播形式。这类直播模式通常以分享生活、展示才艺、分享观点为主，观众可以通过评论区与主播互动，提出问题或发表看法。观众还可以通过送虚拟礼物的方式来表示对主播的支持，主播则可以通过这些礼物来获得收入。

二是电商模式。如果计划在直播中销售产品，就可以选择电商模式，方便观众直接购买产品。电商直播模式是以销售产品为主要目的。在这种模式下，主播不仅要展示商品，还需要详细讲解产品的功能、用途和优势，同时通过限时优惠、秒杀活动等方式激发观众的购买欲望。观众可以在直播中直接点击购买链接，完成在线购物。这种模式特别适合农产品、服装、家电等商品的推广，因为通过现场展示，观众能更直观地了解产品，从而增加对产品的信任感。

（7）配置直播设备。直播设备包括摄像头、麦克风等，如图4-3所示。要确保摄像头和麦克风正常工作，从而使画面清晰、声音清楚。可以使用手机自带的摄像头和麦克风，也可以外接高清摄像头和专业收音设备以提升直播质量。

（a）外接高清摄像头　　　　　（b）专业收音设备

图4-3　直播设备

同时，网络的稳定性对于直播是否能够顺利进行至关重要，尤其是在快手这样的直播平台上，良好的网络连接是保证高质量互动的基础。为了确保直播不会因为网络问题而中断或出现卡顿，建议使用稳定的Wi-Fi或者4G/5G网络。这不仅能让画面保持清晰流畅，还能减少延迟，确保观众能够实时与主播互动。如果直播过程中出现中断或卡顿，就会使观众的观看体验大打折扣，容易导致他们离开直播间，从而造成观众的流失，影响直播效果和带货成绩。

在直播界面，还可以选择适合的美颜效果和滤镜，以增强直播画面效果，但注意不要过度使用，保持自然真实是很重要的。

步骤四：开始直播

确认所有设置无误后，点击"开始直播"按钮，正式开始直播，如图4-4（a）所示。

（1）互动与内容展示包括以下几方面。

欢迎观众：开场时欢迎新进来的观众，介绍直播的主题和内容。

互动交流：积极与观众互动，回答他们的问题，保持热情和亲和力。

产品展示：详细展示农产品，介绍产品特点、使用方法和优势，可以结合现场演示增强说服力。

快手直播提供了"连线 PK""发红包""分享"等方式来增加直播间的粉丝互动和直播间人气，如图 4-4（b）所示。

（2）直播结束。如果达成直播任务，可以点击"我要关闭"结束直播，如图 4-4（c）所示。在直播结束前，记得感谢观众的观看和互动，预告下一次直播的时间和内容，鼓励观众关注和分享。

（a）正式开播　　　（b）增加直播间人气　　　（c）结束直播

图 4-4　开始直播

步骤五：直播后续

（1）查看数据。直播结束后，主播可以进入"直播中心"查看详细的直播数据，如图4-5所示，以全面分析这场直播的效果。关键的数据指标包括观看人数、点赞数量、评论互动频率、观众停留时间、粉丝增长情况等。

图4-5　直播数据

观看人数不仅展示了直播的整体热度，还能反映出粉丝对该直播主题的兴趣度。

点赞数量是另一个值得关注的指标，它表明了观众对直播内容的喜爱程度。通过分析点赞的高峰时段，主播可以判断哪些内容或环节最受欢迎。

评论互动频率也非常重要，高频率的互动往往意味着观众对话题感兴趣，并积极与主播和其他观众交流，表明直播的互动性较强。主播可以通过分析评论内容和互动频率，进一步了解观众的需求和意见，为未来的直播调整话题和风格。

观众停留时间是一个关键数据，它可以帮助主播评估观众的黏性和对内容的持续兴趣。较长的停留时间通常表示观众对直播内容的持续关注，而较短的停留时间可能意味着某些环节吸引力不足。主播可以根据这一数据调整直播节奏和内容安排。

粉丝增长情况是直播效果评估中的重要一环。如果直播后粉丝数量显著增长，说明直播内容成功吸引了新观众并增强了粉丝黏性；如果粉丝数量增长不明显，主播则需要进一步思考如何在下次直播中增加吸引力，留住更多观众。

此外，电商直播中的销售数据对于整体效果的评估和优化具有至关重要的作用。这些数据通常包括商品的点击量、下单数量、成交转化率和最终的销售额等。通过对这些指标进行详细分析，主播能够准确评估直播的受欢迎程度和产品在市场上的表现。这不仅可以直观地反映出观众对产品的兴趣和参与度，还能够帮助主播了解哪些环节做得成功，哪些产品受到了观众的青睐。通过深入的数据分析，主播可以识别出直播过程中最吸引观众的部分，从而有针对性地优化未来的直播内容和策略。例如，主播可以根据成交转化率来调整产品的推介顺序，或通过分析下单数量和观众反馈，找出需要改进的展示方式，提炼销售话术。数据分析为主播提供了重要的决策依据，使他们能够更科学地规划下一次直播，从而增强整体直播的效果，提升销售业绩，如图 4-6 所示。

图 4-6　销售数据

（2）反馈和总结。直播数据仅仅是反映直播效果的一个方面，观众的反馈同样是非常宝贵的信息资源。主播可以通过查看评论区的内容、粉丝私信或通过后期调研来收集观众对直播的意见与建议。观众的反馈往往能够反映出直播中的不足，比如产品讲解不够清晰、互动环节设计不足，以及直播节奏过快或过慢等问题。主播可以根据这些反馈进行总结，提炼出本次直播中的亮点与不足之处，梳理出直播中可以继续保持的优点，以及需要改进的地方。这种总结性的反思过程能够帮助主播不断提高直播质量，从而更好地满足观众的需求。

（3）准备下一次直播。基于对数据的分析以及观众反馈，主播可以对下一次直播进行更有针对性的策划。首先，可以根据观众的偏好，调整直播内容和产品选择，确保下次直播能够提供更加契合观众兴趣的内容。其次，根据销售数据和库存情况，主播可以策划更多的促销活动，如限时优惠、秒杀等，以吸引更多的观众参与和购买。最后，主播需要提前做好直播的宣传和预热工作，例如在短视频或社交平台发布预告内容，吸引更多潜在观众。在宣传中可以强调直播的亮点，如新产品的发布、独家折扣、特殊嘉宾参与等，以提升观众的期待和参与意愿。充分的准备工作往往会使下一次直播的效果更加理想，从而进一步增强粉丝黏性，提升销售业绩。

4.2 "三农"直播间助播的选择

在农产品直播过程中，助播的作用尤为重要。首先，助播能够及时处理直播中出现的各类问题，例如回答观众提问、与观众进行互动、协助主播维护直播间的秩序等。农产品由于其特殊性，往往需要通过直观展示和详细讲解来激发观众的购买兴趣，而助播在这个过程中可以起到关键的辅助作用。他们能够配合主播展示产品的细节、强调产品的独特卖点，从而强化观众对产品的理解和认知。其次，助播还能快速应对直播中突发的问题，如网络延迟或设备故障，从而确保直播过程的顺畅，提升观众的观看体验。最后，助播还承担着调动直播氛围的重要任务。在农村电商直播中，助播可以通过幽默风趣或生动活泼的语言，调动观众的情绪，增强直播的互动性和趣味性。一个合格的助播不仅需要与主播默契配合，还必须时刻关注观众的反应，并根据实际情况及时调整自己的表现方式。例如，当发现观众的参与度下降时，助播可以通过主动引导话题讨论、提问或者设置小互动环节来吸引观众参与，从而增加直播间的活跃度和热度。通过这样的方式，助播可以有效增强直播的互动感，营造出轻松愉快的氛围，进而增强直播的效果，提高观众的留存率。

4.2.1 如何选择合适的助播

选择合适的助播是直播成功的关键。助播不仅仅是一个助手，更是直播间的"另一个灵魂"。因此，助播需要具备良好的沟通能力、灵活的应变能力，以及足够的耐心与细心。例如，在农产品直播中，助播往往需要详细了解产品的特点，并且能够与主播共同营造轻松愉快的氛围。这就要求助播要具有亲和力、幽默感和敏锐的观察能力，能够随时捕捉观众的情绪变化。

此外，助播还需要具备一定的自信心和表现力，虽然助播并非直播的主角，但他们在直播中的表现同样非常关键。如果助播过于害羞或表现力不足，会直接影响直播的整体效果。因此，选择一个能够自如应对镜头、有较强表达能力的助播是非常重要的。

除了个人特质，助播还需要具备一定的专业技能。一方面，助播应当熟悉直播的流程和技术操作，包括如何快速应对直播过程中可能出现的技术问题，如网络不稳定、设备故障等。另一方面，助播还需要具备一定的市场认知能力，能够根据观众的反馈和需求，及时调整话题或产品展示方式。

例如，助播需要对农产品的特点有深入了解，能够协助主播展示产品的优点，并根据观众的提问进行有针对性的解答。此外，助播还应对直播中的基础数据进行分析，能够在直播过程中根据观众的参与情况和互动热度，及时调整直播的节奏和内容，确保观众保持兴趣。

4.2.2　助播如何帮助营造直播氛围

在直播中，助播不仅仅是辅助主播的角色，还是帮助主播营造直播间氛围的关键人物。一个优秀的助播能够敏锐地察觉到直播间的氛围变化，并采取合适的手段调动观众的情绪。例如，当直播间的互动较少时，助播可以通过发起提问、引导观众点赞或评论，甚至直接与观众"打趣"互动，来重新激发观众的参与感。

助播在直播中的情感表现非常重要。无论是展示农产品，还是回应观众的提问，助播都需要展现出热情，具备亲和力和感染力。通过情感共鸣，助播可以更好地让观众感受到直播的真实性和趣味性。在农产品直播中，助播可以通过一些生活化的语言，比如"这个水果是在我们村里刚摘的，味道特别好，吃一口甜到心里"这样的表达方式，让观众有更强的代入感。

助播还可以运用一些轻松幽默的手段，例如用有趣的方式介绍产品或讲述与产品相关的故事，使得直播间的气氛更加活跃。特别是在直播的中后期，观众的注意力可能会有所下降，助播可以适时加入一些小互动，比如发起投票、抽奖等活动，吸引观众参与，从而增强直播间的互动氛围。

在电商直播中，助播不仅要帮助营造直播氛围，还要在产品展示时起到增强说服力的作用。助播可以从不同的角度补充主播的产品介绍，特别是在农产品直播中，助播可以通过更多细节性的信息来强化产品的卖点。例如，主播在展示一款农产品时，助播可以补充关于该产品的产地、生产过程、品质保障等信息，给观众留下更深刻的印象。

此外，助播还可以在产品介绍过程中通过亲身体验的方式，增强产品的可信度。例如，助播可以现场试吃水果，或者现场展示农产品的使用效果。这种方式可以让观众感受到产品的真实质量，增强购买信心。同时，助播还可以通过一些生活场景的描述，引导观众联想产品在日常生活中的使用情境，从而增加产品的实用性和吸引力。

为了更好地增强产品的说服力，助播还可以通过及时关注观众的反馈，并根据观众的疑问进行有针对性的解答。例如，如果有观众对产品的物流或保质期提出疑问，助播可以及时给予明确的回复，并通过举例说明产品的质量和服务保障。这种即时互动不仅能够增强观众的信任感，还能够进一步推动销售转化。

4.2.3 助播的互动和反馈

助播与观众的互动是直播过程中不可或缺的一部分。一个优秀的助播不仅需要与主播配合默契，还需要与观众进行实时的互动交流，以激发观众的参与热情，提升直播的活跃度。通过与观众互动，助播可以了解观众的需求、解答他们的疑问，并及时反馈产品信息。

为了更好地与观众互动，助播可以利用多种手段。例如，助播可以通过提出问题的方式，引导观众参与讨论，如"大家平时更喜欢什么口味的水果"或者"今天想要优惠的小伙伴扣个'1'"。这样的互动不仅可以拉近助播与观众的距离，还能通过实时互动提高直播的参与度。

此外，助播还可以通过观察评论区的反馈，及时回答观众的提问，并根据观众的兴趣调整直播内容。例如，如果观众对某款产品的详情表现出强烈兴趣，助播可以进一步详细介绍产品的特点和优惠信息，增强观众的购买欲望。同时，助播还可以通过互动活动，比如抽奖、红包雨等，吸引更多观众参与，从而提高直播间的热度。

4.2.4　助播的即时反应和临场应变

直播过程中，意外情况难以避免，这时候助播的即时反应和临场应变能力就显得尤为重要。助播需要时刻保持敏锐的观察力，快速判断直播中的突发状况，并采取适当的措施。例如，如果直播过程中出现了技术问题，如网络卡顿或设备故障，助播可以迅速向观众解释原因，并通过幽默的方式缓解直播间的尴尬气氛，从而维持直播的活跃度。同时，助播可以根据直播的进展，灵活调整展示顺序或者引导观众关注其他话题，以便在技术问题解决之前保持直播的流畅进行。这种灵活的应对能力不仅能避免观众流失，还能提高观众对直播的宽容度和参与感。

在产品展示过程中，助播也需要具备随机应变的能力。如果主播的讲解出现疏漏，或者产品展示效果不尽理想，助播应当迅速补充相关信息，或者通过实际演示进一步强调产品的亮点与优势。助播在面对观众提问时，如果遇到超出预先准备范围的问题，也应当保持冷静、灵活应对，可以通过查阅资料、咨询其他团队成员，或者以一种积极的态度暂缓回答，确保观众得到满意的答复。助播随机应变不仅能够处理直播中的突发情况，还能提升团队的专业形象，增加观众对主播和助播的信任感，从而为后续的销售打下更坚实的基础。

4.2.5 成功助播案例分析

在农产品直播中，有许多成功的助播案例值得参考。例如，某知名的农村主播，其助播不仅在直播过程中进行辅助，还起到了主播与观众之间的桥梁作用。在一场水果直播中，主播专注于展示水果的外观和品质，而助播则通过实时试吃水果，向观众详细描述水果的口感和特点，同时回答观众提出的各种问题。这种双重互动不仅让观众对产品有了更直观的了解，还大大增强了观众的购买欲望。

这种成功的助播模式展示了助播在农产品直播中的重要性，特别是通过与主播的配合，形成了强大的"销售合力"。助播通过补充信息、引导互动和营造氛围，有效提升了产品的吸引力和说服力，从而促进了销售转化。

4.3 "三农"直播间卖货语言技巧的修炼

在"三农"直播带货的过程中，语言技巧至关重要。语言不仅是信息传递的工具，更是情感连接的纽带。一个优秀的"三农"主播需要通过语言技巧将产品的特点、价值传递给观众，既要让观众了解产品，又要激发他们的购买欲望。通过恰当的语言，主播可以实现与观众的深度连接，并在竞争激烈的直播电商市场中脱颖而出。在"三农"短视频的销售过程中，必须考虑到农产品的特点以及农村背景。

4.3.1 语言表达的核心原则

4.3.1.1 清晰简洁：快速传递关键信息

在直播中，观众的注意力很容易分散，尤其是在同时观看多场直播的情况下。因此，主播必须用清晰简洁的语言快速传递产品的核心信息。要避免长篇大论或过于复杂的解释，要突出产品的卖点，让观众在短时间内了解产品的优势。

例如，当介绍一款新鲜水果时，可以直接说："这款水果刚从果园采摘回来，水分足、口感好，特别适合夏天解渴。"这样简短的描述既能够传达产品的鲜美口感，又能避免观众因过长的讲解而失去观看耐心。

4.3.1.2 亲切自然：拉近与观众的距离

在"三农"直播中，主播的语言必须接地气、亲切自然，才能拉近与观众的距离。直播时可以采用口语化的表达，避免过于正式的商业用语，这样观众会觉得与主播的互动更像是家常聊天，进而更容易产生情感共鸣。

举例来说，主播可以使用这样的话语："大家看，这款蜂蜜可不得了，是我们村里的养蜂人自己养的蜂酿的，天然无添加，绝对好吃。"这种贴近生活的语言能够让观众产生信任感，觉得主播介绍的产品更真实、更可信。

4.3.1.3 真实性：建立信任感

"三农"产品往往以自然、健康为主要卖点，因此，主播在语言中必须突出产品的真实性，避免夸大其词或虚假宣传。观众购买农产品时，特别关心产品的产地、品质和安全性。因此，主播在描述产品时，应该尽量使用实事求是的语言，提供具体的证明或说明，如产品的检测报告、农场的认证证书等，增强观众对产品的信任感。

例如："这款大米来自我们当地的生态农场，种植过程中不使用农药和化肥，已经通过了国家有机认证。这是我们产品的检验报告，大家可以清清楚楚地看到有哪些健康成分。这是我们自留自吃的大米，大家可以放心购买。"这样的表述不仅能够满足观众对安全性的需求，还能增强产品的竞争力。

4.3.1.4 激发共鸣：融入情感故事

卖货不仅仅要介绍产品的功能和特点，更要通过语言传递情感，打动观众的心。在"三农"直播中，农产品背后往往有着动人的故事，主播可以通过讲述这些故事来激发观众的情感共鸣。例如，可以介绍农民的辛勤劳动、生产的艰辛历程或产品产地的独特风情，通过故事让观众对产品产生情感认同，从而激发购买欲望。

例如，主播可以这样描述一款手工制作的农产品："这种点心是我们村里88岁高龄的老奶奶亲手做的。她从18岁就开始制作这种点心，经过不断地钻研和完善，每一道工序都特别讲究，吃一口就能感受到浓浓的乡村味道。"这种带有情感色彩的语言更容易让观众产生好感和购买欲望。

4.3.2 语言在不同场景中的运用技巧

4.3.2.1 产品介绍中的语言运用技巧

产品介绍是直播带货的核心环节。在这一环节中，主播需要通过语言将产品的特点、功能、优势等信息有效地传递给观众，同时激发观众的购买兴趣。通常来说，在介绍产品时可以采用以下三种语言技巧。

第一，描述生动具体。通过形象化的语言让观众在脑海中形成清晰的产品画面。例如："这种苹果咬一口，嘎嘣脆，汁水立刻溢满口腔，特别甜美可口，仿佛能尝到大自然的清香。"

第二，突出核心卖点。每一款产品都有其核心优势，主播需要用简洁有力的语言来突出这一点。例如："这款大米富含多种微量元素，软糯清香，特别适合老人和孩子食用。"

第三，运用对比和类比。通过对比或类比的方法让观众更直观地感受到产品的优势。例如："这款蜂蜜比普通蜂蜜更加天然，没有那种人工甜味剂的味道。"

4.3.2.2 促销环节中的语言运用技巧

促销环节是直播带货中最具销售推动力的部分。在这一环节，主播需要制造强烈的紧迫感，以促使观众迅速做出购买决策。常见的语言技巧包括以下三种。

第一，制造紧迫感。通过"节庆促销""限时优惠""限量销售""主播特惠"等字眼让观众感受到时间的紧迫。例如："现在只剩最后50 份了，手慢无，大家抓紧机会！"

第二，强调优惠力度。通过反复强调价格优势和促销力度，引导观众下单。例如："只有今天才有 9 折优惠，还包邮，错过今天就要恢复原价了。"

第三，互动性语言。通过与观众的互动来增加促销的趣味性。例如："现在在直播间的朋友，评论区打'1'，我就发放 20 元的优惠券，手快有，手慢无！"

4.3.2.3 回应观众提问的语言运用技巧

直播中的互动性是直播电商的核心特点之一。在直播过程中，观众往往会通过弹幕或留言提问，主播则需要迅速回应这些问题。在这一过程中，语言的技巧性尤为重要。

第一，回答简洁明了。观众的注意力有限，因此回答要尽量简洁明了，避免冗长的解释。例如："是的，这款产品是纯天然的，没有任何添加剂。"

第二，充满亲和力的回应。通过礼貌和亲切的语言来回应观众的问题。例如："这位小伙伴的问题很好，我来给大家详细讲一下……"

第三，正面回应质疑。当观众对产品质量或效果产生疑问时，主播应冷静地正面回应，并通过实际的证据（如检测报告）来打消观众的顾虑。例如："我们有权威的检测报告，可以保证这款蜂蜜是 100%纯天然的。"

4.3.3 情感和信任的建立

4.3.3.1 通过语言建立情感连接

情感是促成销售的关键因素之一。特别是在"三农"领域，很多产品都承载着浓厚的乡村情怀，主播可以通过语言建立起与观众的情感连接。主播通过讲述产品背后的故事，描述农民的辛勤劳作或产地的自然风光，能够使观众对乡村生活产生情感认同，从而激发他们的购买欲望。

例如，在介绍一款农村手工制作的食品时，主播可以这样说："这款点心是我们村里的一位老奶奶亲手做的，她从年轻的时候就开始做，每一道工序都特别讲究，吃一口就像回到了小时候。"这种情感化的语言能够让观众产生共鸣，增加对产品的好感。

4.3.3.2 通过语言建立信任感

信任是直播带货成功的基础。观众只有信任主播和产品，才会愿意下单购买。因此，主播在直播中需要通过语言来逐步建立起与观众之间的信任感。这可以通过以下方式来实现。

第一，提供真实的产品信息。在介绍产品时，主播应尽量提供详细、真实的产品信息，避免夸大其词或虚假宣传。例如，主播可以通过展示产品的质检报告或农场的认证证书来增强观众的信任感。

第二，分享个人体验。主播可以通过分享自己使用产品的体验来增加产品的可信度。例如："这款大米我自己也在吃，煮出来的饭特别香，颗粒饱满且有嚼劲，家里老人和小孩都爱吃。其实我一开始也不是特别确定它的质量，所以拿回家试了一下，结果全家人都非常喜欢，尤其是我妈妈，她还说这个大米的味道很像小时候我们村里的那种纯天然大米的味道，完全没有'工业的味道'。你们放心，我推荐的都是我自己尝试过的，绝对靠谱！"

4.3.4 通过语言拉近与观众的距离

在直播中，互动性语言是让观众保持兴趣并参与讨论的关键。主播通过与观众进行即时交流，不仅可以使直播间的氛围活跃起来，还能根据观众的反馈调整销售策略。互动性语言的运用可以体现在以下三个方面。

第一，提问式互动。主播可以通过提问的方式引导观众参与。例如："大家平时喜欢吃什么口味的大米？你们更喜欢软糯的还是颗粒感强的呢？"通过简单的问题，观众可以在评论区发表意见，这样既能让直播间更有活力，也帮助主播了解观众的需求。

第二，及时回应。当观众在评论区提出问题或分享他们的想法时，主播要及时回应并进行互动。这不仅能让观众感受到强烈的参与感，还可以使观众增加对主播的好感。例如，有观众询问蜂蜜的采集时间，主播可以回复："小李，这个蜂蜜是秋天采的，那个时候的花蜜质量特别好，所以蜂蜜的香味也更浓郁。"

第三，互动游戏或抽奖环节。在直播过程中，适时加入一些互动游戏或抽奖活动，能够有效调动观众的积极性。例如，主播可以设置一些有趣的小问题，让回答正确的观众获得奖品，或在直播间随机抽取幸运观众送出农产品。这种互动方式不仅能提升直播间的活跃度，还能让观众觉得自己有机会赢取奖品，从而增加对直播的关注和参与。

4.4 "三农"直播间氛围的打造

营造和带动直播间的氛围是成功直播的重要环节。一个良好的直播氛围不仅能吸引观众驻足，还能激发他们的互动热情，增强他们的观看体验，从而提升销售转化率。

4.4.1 直播氛围的营造

直播场景的选择和布置是营造氛围的第一步。对于"三农"短视频直播间来说，选择具有农村特色的场景能够有效增强观众的沉浸感。

一是要选择具有农村特色的场景，如农田、果园、农舍等，能让观众感受到浓厚的农村氛围。布置直播间时，可以摆放农产品、农具等，还原农民的工作场景，展示真实的农村生活。这样的布置，不仅能够说明产品的来源、展示产品的特色，还能拉近与观众的距离。

比如，在直播间放置一篮子新鲜采摘的水果，以及农民干活的特写照片或农场的全景照片，能让观众感受到浓浓的乡村气息。

二是要保持直播间整洁有序，避免杂乱无章影响观感。整洁的直播环境不仅能够提升观众的观看体验，还能体现主播的专业态度和品牌形象。

比如，将农产品按照种类或用途分类放置，避免杂乱无章。同时，确保摄像头、麦克风等设备的位置合理，不遮挡产品展示区域，确保画面整洁。

三是要合理使用光线和背景音乐，这些是营造直播间氛围的重要元素。适当的光线和背景音乐能够增强直播的整体效果，使观众享受到更好的视觉和听觉体验。

在自然光线中拍摄，能让画面更加明亮柔和，增加亲和力。要选择合适的拍摄时间和地点，确保光线充足且均匀，避免出现阴影和过曝的情况。比如，选择上午或下午拍摄，让自然光线透过直播间的窗户充分照射进来，必要时使用反光板或补光灯调整光线角度和强度。

选择轻松愉快的背景音乐，能够营造舒适的观看氛围。但要注意的是，音量要适中，不要盖过主播的声音。适当的背景音乐能够减轻观众的疲劳感，增强直播的观赏性。比如，可以选择一些欢快的民谣或轻音乐作为背景音乐，既能增强直播的氛围，又不会分散观众的注意力。

4.4.2　主播的表现

4.4.2.1　主持风格

主播的主持风格直接影响直播间的氛围。主播的主持风格一般包括以下四种。

一是热情开朗型。保持热情开朗的主持风格，积极与观众互动，能够有效带动直播的氛围，吸引更多观众参与。

二是友好自然型。使用亲切、接地气的语言，让观众感受到温暖和真实。例如："亲爱的朋友们，今天我要给你们介绍一种非常好吃的有机番茄。"

三是情感型。通过讲述个人经历或情感故事，与观众建立情感联系。例如："我小时候最喜欢吃妈妈种的这种番茄，现在终于能和大家分享这份美味了。"

四是幽默型。适当加入幽默元素，增加直播的趣味性和互动性。这不仅能够活跃气氛，还能吸引观众的注意力，延长他们的观看时长并提高互动频率。例如，讲一些轻松有趣的农村故事，调节气氛。比如，在介绍农产品时，可以分享一些农民日常生活中的趣事，增加观众的参与感，提高互动热情。

4.4.2.2　语言表达

语言表达有以下两种主要类型。

一是生动描述。用生动的语言描述产品和场景，让观众感同身受并更直观地了解产品的特点和优势，增强他们的购买欲望。例如，描述农产品的种植过程和农民的辛勤劳动，让观众产生共鸣。比如，在介绍有机番茄时，可以详细讲解其种植过程、土壤条件和生长环境，让观众感受到产品的天然和优质。

二是互动交流。积极回应观众的评论和提问，保持互动频率。通过实时互动，能够提升观众的参与感和满意度，增强直播的效果。例如，实时回答观众的问题，如"这款番茄怎么吃最好？""可以用来做沙拉、炒蛋，味道都很棒！"

4.4.2.3　氛围带动

带动氛围可以采用以下三种形式。

一是互动游戏。在直播过程中设计一些互动游戏，增加参与感和互动性。通过互动游戏，有效带动直播的氛围，吸引更多观众参与。例如，设置一些与农产品相关的有奖问答、幸运抽奖等游戏，吸引观众参与互动。回答正确的观众有机会获得奖品或优惠券。

二是限时抢购。设置限时抢购环节，营造紧迫感，激发观众购买欲望。通过限时抢购，能够有效提升产品的销售转化率。例如，在直播过程中突然推出限时优惠，如"前10分钟下单享受8折优惠！"通过限时优惠，激发观众的购买欲望，增加销售额。

三是实时回应。及时回应观众的评论和提问，增强互动感，增强直播的效果。例如，看到观众留言时，立即回应并感谢，如"感谢@小红的提问，这款番茄非常适合做沙拉"。

四是用户见证。邀请已经购买产品的用户分享使用感受，增强观众的信任感。通过用户见证，能够有效提升产品的可信度和购买转化率。例如，让用户通过连麦或视频评论的方式，分享他们的使用心得和感受，让观众看到真实的反馈和评价，增强其购买信心。

4.4.3　营造紧迫感

4.4.3.1　库存有限

在直播中强调产品库存有限，营造紧迫感，促使观众尽快下单，有效提升产品的销售转化率。例如，在直播中不断提醒观众"目前只剩下100盒了，大家抓紧时间下单"。

4.4.3.2　限时优惠

通过限时优惠活动，激发观众的购买欲望，有效提升产品的销售转化率。例如，在直播过程中设置倒计时，告诉观众"现在下单享受八折优惠，只有 10 分钟哦"。

4.4.4 直播内容的丰富性

4.4.4.1 产品展示
详细展示不同的农产品，介绍其特点和使用方法。例如，每次直播介绍不同的农产品，如今天介绍有机番茄，明天介绍新鲜绿叶菜。通过多样化的产品展示，吸引更多观众的关注和参与，增强他们的购买欲望。

4.4.4.2 现场演示
现场烹饪或现场制作农产品，增加观众的兴趣。通过现场演示，能够让观众更直观地了解产品的使用方法和效果，增强他们的购买欲望以及直播的效果。例如，在直播中展示如何用有机番茄制作美味的番茄炒蛋。

4.4.4.3 观众提问
鼓励观众提出问题，实时解答，增强互动性，增强直播的效果。例如，设置专门的提问环节，观众可以自由提问，主播一一解答。

4.4.4.4 观众参与
邀请观众参与直播，通过连麦或视频互动，增加直播的互动性和趣味性，增强直播的效果。例如，邀请观众连麦，分享他们的农产品使用体验或种植心得。

4.4.5 不同类型农产品的卖货语言策略

不同类型的农产品在卖货语言上需要采用不同的策略。根据产品特点，主播需要调整语言风格和表达方式，更有针对性地推销农产品，抓住观众的需求点，以便最大限度地展示产品的优势，吸引潜在消费者。

4.4.5.1　农产品（如蔬菜、水果、大米等）

一是描述要贴近生活。农产品是日常生活中常见的食品，因此语言应当尽可能贴近消费者的日常生活。例如："这款苹果是刚从树上摘下来的，非常新鲜，吃起来特别脆甜，水分充足！"

二是强调天然与健康。"三农"产品往往具有纯天然、无污染的特点，主播可以通过强调这些优势来吸引追求健康饮食的消费者。可以说："这是纯天然的有机大米，完全没有农药和化肥的残留，适合老人和小孩吃，特别健康。"

4.4.5.2　手工艺品（如手工制作的家具、编织品等）

一是讲述产品背后的故事。手工艺品有时承载着文化和情感，因此主播可以通过讲述背后的故事来吸引观众。例如："这把竹椅是村里有着40多年竹编经验的老匠人手工编成的，每一条纹路都非常讲究，保证结实耐用。"

二是突出独特性与工艺价值。手工艺品的独特性和工艺价值是其卖点，主播可以用语言着重介绍产品的独特设计和制作过程，如："这件手工编制的篮子，每一根竹条都是人工精选的，要竹编匠人花上一整天的时间才能编好。"

4.4.5.3　农副产品（如自制酱料、蜂蜜等）

一是强调制作工艺与口感。自制农副产品的卖点在于独特的口感和传统的制作工艺。例如："这款辣椒酱采用我们村里的传统秘方制成，经过长时间的发酵，其味道非常浓郁，吃一口就停不下来。"

二是凸显稀缺性。如果产品有稀缺性或限量供应，主播可以强调这一点，从而激发消费者的购买欲望。可以说："这款蜂蜜每年只采一批，数量有限，错过了就要等明年了，想要的朋友赶紧下单！"

4.5 "三农"直播的后续服务

电商直播不仅在于直播过程中的互动和销售，还包括直播后的售后服务和下一次直播的"种草"工作。优质的售后服务可以提高用户的满意度和忠诚度，而有效的"种草"策略可以吸引用户的持续关注，为下一次直播奠定基础。

4.5.1 售后服务的关键：维护客户关系

4.5.1.1 及时响应客户需求

售后服务的首要原则是及时性。消费者购买了农产品后，可能会遇到产品质量、物流配送或使用方法等方面的问题。因此，主播团队必须及时对客户的询问和投诉进行反馈，确保他们的疑问得到快速解决。

举例来说，在直播结束后，用户收到购买的有机番茄，发现部分番茄有损坏，立即联系售后客服。客服人员迅速响应，在了解情况后，安排补发一箱新的有机番茄，并附上额外的小礼品表示歉意。主播可以在直播中强调："我们承诺所有产品都是新鲜直发，如果有任何质量问题，我们一定会第一时间为您处理，保证您的权益。"用户若对售后的快速响应和处理非常满意，可能会留下好评，并在社交媒体上分享这次愉快的购物体验。

4.5.1.2 建立多渠道售后服务体系

为了提高售后服务的便利性，农产品销售团队需要建立多条售后服务渠道，如电话、微信、官方客服等，确保客户能方便地与售后团队联系。

此外，直播平台的评论区和私信系统也是提供售后服务的重要渠道。主播可以在直播中鼓励用户通过这些途径反馈售后问题，如："有问题随时给我们留言，或者直接联系直播间客服，保证给您满意的解决方案。"

4.5.1.3 产品使用指导与售后教育

农产品的售后不仅仅限于问题解决，还包括使用指导，特别是针对农副产品或手工艺品的使用指导。主播可以通过视频或文字提供详细的使用说明，帮助用户更好地体验产品。例如，购买自制辣酱的用户可能需要了解如何搭配菜肴，主播可以在售后回访中提供烹饪建议，甚至可以通过微信公众号或视频平台分享相应的食谱。

4.5.2 售后反馈机制：提升产品与服务质量

4.5.2.1 客户评价与满意度调查

售后服务中，及时收集客户的评价和反馈能够帮助商家了解产品的优势和不足。主播可以在用户收货后，主动发起满意度调查，询问用户对产品质量、包装、物流速度以及客服服务的满意程度。例如："亲，您收到的蜂蜜还满意吗？口感如何？有什么意见都可以反馈给我们哦，我们一定会认真改进！"

4.5.2.2　通过社交媒体建立反馈渠道

现代消费者习惯于通过社交媒体分享自己的购物体验。"三农"主播可以利用这一点，鼓励用户在社交平台上分享购买体验。通过积极回应和点赞用户的评论，进一步增强客户与品牌之间的互动和联系。

4.5.2.3　建立奖励机制

为了激励消费者提供反馈和评价，主播团队可以设立相应的奖励机制。例如，用户在提供详细反馈后，可以获得下一次直播的优惠券或赠品。通过这样的方式，商家不仅能收集到更多有价值的信息，还能吸引用户再次参与购买。

4.5.3　售后维护：增强客户忠诚度的策略

4.5.3.1　定期回访与客户关怀

售后服务并非一锤子买卖。通过定期的客户回访，了解用户对产品的长期使用感受，可以增强客户的信任感。尤其是对于大米、茶叶等农产品来说，许多客户会长期购买，定期的回访不仅能够了解客户需求，还能让客户感受到温暖。例如，主播可以在用户购买产品后的一个月内进行回访，询问产品的使用体验，并推荐新的产品："亲，您上次买的大米还满意吗？我们这次新到了一批更优质的有机大米，您可以试试哦！"

4.5.3.2　定制化服务与个性化推荐

在维护客户关系的过程中，主播团队可以根据用户的购物历史、偏好等信息，提供个性化的推荐与服务。例如，针对喜欢购买有机蔬菜的用户，主播可以在售后服务中推荐新品或者相关的健康食谱："我看到您上次买了我们的有机番茄，您还喜欢吃其他有机蔬菜吗？这次我们有有机黄瓜和茄子，搭配起来做沙拉特别棒！"

4.5.3.3　VIP 用户与老客户关怀计划

为了进一步增强用户黏性，"三农"直播团队可以设立 VIP 用户计划或老客户关怀计划，为长期购买的客户提供特别优惠或优先体验新产品的机会。通过这样的方式，可以有效提升用户的忠诚度，同时增加复购的机会。

4.5.4　下一次直播的预热与"种草"策略

4.5.4.1　预热

一是制作预告视频。在下一次直播前，制作预告视频，通过短视频、社交媒体等渠道进行宣传，提前吸引用户的关注。例如，某农产品直播间在下一次直播前一周制作了一段预告视频，展示即将推出的新品和直播优惠活动，通过抖音、快手等平台进行宣传，提前吸引了大量用户的关注。

二是发布预告文章。通过微信公众号、微博等平台发布预告文章，详细介绍下一次直播的内容、时间和优惠活动，提前"种草"。例如，某农产品直播间在下一次直播前一周发布了一篇预告文章，详细介绍了即将推出的新品和直播优惠活动，并附上了直播间的链接，吸引了大量用户的关注和预约。

三是发送通知。通过短信、邮件等方式通知用户，提醒他们下一次直播的时间和内容，确保用户不会错过。例如，某农产品直播间在下一次直播前一天通过短信和邮件通知了所有的老用户，提醒他们直播时间和优惠活动，确保他们不会错过。

4.5.4.2 制作"种草"内容

一是制作用户体验视频。邀请用户制作产品体验视频，通过真实的用户反馈吸引更多用户的关注和购买。例如，某农产品直播间邀请了一些老用户制作使用有机番茄的体验视频，通过真实的用户反馈展示产品的优质和效果，吸引了大量用户的关注和购买。

二是制作产品介绍视频。制作详细的产品介绍视频，通过生动的展示和讲解激发用户的兴趣和购买欲望。例如，某农产品直播间制作了一段详细的有机番茄介绍视频，从种植过程、营养价值到使用方法，详细介绍了产品的各个方面，吸引了大量用户的关注和购买。

三是直播回顾视频。将上一次直播的精彩片段剪辑成回顾视频，吸引更多用户的关注和参与。例如，某农产品直播间将上一次直播的精彩片段剪辑成回顾视频，通过展示直播的热闹氛围和用户的积极参与，吸引了大量用户的关注和参与。

4.5.5　提供更多增值服务：提升用户体验

4.5.5.1　附赠礼品与优惠券

在客户满意的基础上，主播可以为老客户提供额外的礼品或优惠券，作为感谢他们支持的回报。例如，用户购买蜂蜜后，可以附赠一小瓶其他类型的蜂蜜试用装，或者提供下次购买的满减优惠券。如："感谢您的支持！下次购买时可以使用这张20元的优惠券哦。"

4.5.5.2　定期发送新品预告与促销信息

售后维护过程中，主播团队可以通过短信、邮件、微信等方式，定期向用户发送新品预告或促销信息，保持与用户的联系。例如："亲爱的用户，我们新到了一批有机蔬菜，点击链接查看最新优惠，数量有限，先到先得！"

4.5.5.3　会员服务与专属体验

为了进一步提升用户体验，主播团队可以推出会员制服务，为忠实客户提供专属优惠、"早鸟购"机会等。会员用户还可以获得专属客服的服务，如优先解决问题等，这可以提升他们对品牌的忠诚度。

5 "三农"短视频的盔甲：相关问题处理

在"三农"短视频的运营过程中，除了精彩的内容和有效的营销策略，及时处理各种相关问题也是至关重要的。这些问题包括法律法规的遵守、账号的安全管理、粉丝的维护以及与平台官方的沟通等。有效的处理措施不仅能保障账号的顺利运营，还能提升用户体验和信任度。

5.1 "三农"短视频相关法律法规

5.1.1 内容合规的重要性

在短视频平台上发布内容，尤其是涉及农产品销售和推广时，内容合规的重要性不言而喻。随着"三农"短视频的快速发展，越来越多的农产品通过短视频平台直接面向消费者销售，这不仅为农村经济带来了新的活力，也为农民提供了更多的销售渠道。然而，由于涉及产品宣传、广告推广以及消费者权益等多个层面，平台对内容的审核和监管也更加严格。

第一，合规内容有助于保护创作者自身的利益。在快手等平台上，合规性不仅体现为遵守平台的规则和政策，还需要符合国家相关法律法规的要求。特别是在农产品推广中，内容的真实性、合法性直接关系到消费者的利益。如果创作者发布了虚假或误导性信息，就会损害消费者的利益，同时对创作者的品牌形象造成严重的负面影响。更甚者，可能会引发法律纠纷或被平台封禁账号。

第二，平台的内容审查机制非常严格，尤其是对涉及商业广告、农产品推广的短视频。平台通常通过人工审核和算法检测相结合的方式，确保所有发布的内容都符合规定。例如，发布农产品短视频时，需要明确展示产品的真实信息，如来源地、生产日期、质量认证等。如果内容不符合平台的审核标准，轻则导致视频无法通过审核或被下架，重则可能导致账号被封禁，甚至面临法律处罚。

常见违规行为包括：不实宣传、未注明广告性质、夸大产品功效、侵犯知识产权、违反相关法律法规等。

5.1.2 《电子商务法》与农产品销售

"三农"短视频经常涉及农产品的推广和销售，这需要符合《中华人民共和国电子商务法》（以下简称"《电子商务法》"）的要求。

第一，《电子商务法》明确了交易条件。《电子商务法》规定，电子商务交易必须清晰、透明，交易条件应明确告知消费者。对于农产品销售，创作者需要做到以下三点。

一是清晰标注商品信息。短视频要提供详细的农产品信息，包括产品名称、规格、价格、产地、生产日期、保质期等。要确保所有信息真实准确，不误导消费者。

二是明确交易条款。在销售过程中，要明确告知消费者交易条款，包括支付方式、配送方式、运费、退换货政策等。特别是在直播过程中，实时解释和展示这些信息，有助于消费者做出知情决策。

三是提供真实的产品图片。要展示与实际产品一致的图片，避免因图片与实物不符而引发消费者投诉或纠纷。

第二，《电子商务法》明确了经营者应当为消费者提供售后服务，包括退换货和维修服务。对于农产品销售，创作者应采取以下措施。

一是制定退换货政策。要明确制定并公示退换货政策，包括退换货的条件、流程和期限。确保消费者在购买后，如果遇到质量问题或其他合理原因，能够顺利办理退换货。

二是提供售后服务渠道。要在短视频描述中或销售页面上，提供便捷的售后服务联系方式，如客服热线、邮箱或在线客服系统，及时响应消费者的售后请求，及时处理问题和投诉。

三是妥善处理投诉和纠纷。要对于消费者提出的投诉或纠纷，及时进行处理和解决。建立有效的投诉处理机制，记录和跟踪每一项售后服务请求，以提高客户满意度。

第三，《电子商务法》要求经营者对消费者进行充分的信息披露，以保护消费者的知情权。对于"三农"短视频中的农产品销售，创作者需要做到以下三点。

一是披露产品真实信息。要如实披露产品的生产和销售信息，包括生产过程中的重要细节、是否存在食品添加剂、是否经过检验等，确保消费者获得全面的信息。

二是告知消费者权益。要在短视频和销售平台上，清楚告知消费者的权益，包括退换货权利、售后服务保障等。确保消费者能够了解并行使自己的合法权益。

三是遵守广告宣传规范。要确保短视频中广告宣传不夸大、不虚假。要遵循《中华人民共和国广告法》（以下简称"《广告法》"）的规定，真实反映产品的特性和效果，避免误导消费者。

5.1.3 《广告法》与短视频推广

《广告法》是中国广告行业的基本法律法规，旨在规范广告活动，保护消费者权益，维护市场秩序。在快手平台上，"三农"短视频创作者进行农产品推广时，必须严格遵守《广告法》的相关规定，确保广告内容的真实性和合法性。

5.1.3.1 确保广告内容的真实性

《广告法》第四条规定，广告内容必须真实、合法，不得虚假宣传。

一是保证产品效果真实。在描述农产品效果时，必须依据科学或真实的数据。例如，如果宣传农产品有助于改善健康状况，就必须提供相关的研究成果或权威机构的认证，避免夸大效果从而误导消费者。

二是不虚假宣传。不得做出无法实现的承诺，如虚构产品的功效，声称某一农产品能快速治愈某种疾病。这类虚假宣传不仅违背《广告法》的相关规定，还可能引发法律责任问题和消费者投诉。

三是提供准确的产品信息。要详细说明产品的真实属性，包括生产地、生产工艺、主要成分等，确保消费者获取的信息与实际产品一致。

5.1.3.2 明确广告标识

《广告法》第九条规定，广告必须明确标示"广告"字样，以便消费者区分广告内容与普通内容。

一是明确广告标识。在推广农产品时，应在视频的显著位置或视频开头明确标示"广告"字样，或者使用平台提供的广告标签功能。这样可以帮助观众辨别广告内容，从而做出知情的购买决策。

二是明确广告形式。确保视频中的广告形式清晰，不与普通内容混淆。例如，在视频中明确区分产品评测与商业推广部分，不让消费者产生误解。

5.1.3.3 禁止虚假比较和夸大宣传

《广告法》第四十四条规定，广告中不得与竞争对手的产品进行虚假比较，不得夸大广告内容。

一是禁止虚假比较。不得在广告中贬低竞争产品，不得以虚假的信息或不实的数据对比自家产品与竞争对手产品。这种行为违背了《广告法》的相关规定，可能引发法律纠纷。

二是禁止夸大宣传。不得使用"最佳""最强"等绝对化的词汇，夸大农产品的效果或品质。这类夸大宣传可能会误导消费者，对其权益造成影响。

5.1.3.4 明示广告主身份和联系信息

《广告法》第十条规定，广告主的身份和联系方式应在广告中明确标示，以便消费者进行咨询或投诉。

一是提供广告主信息。在视频描述中或视频结尾处明确提供广告主的名称、联系方式或官网链接，确保消费者能够方便地获取更多信息或投诉。

二是确保信息的可追溯性。广告主应对发布的广告内容负责，应提供可追溯的联系方式，方便消费者在遇到问题时进行联系和解决。

5.1.3.5 合规处理用户评价和反馈

《广告法》也涉及对用户评价和反馈的处理，要求广告内容必须真实反映用户评价，不得伪造或篡改评价内容。

一是真实展示用户反馈。如果在广告中引用用户评价或使用用户故事，必须确保这些评价或故事是真实的，避免伪造或夸大用户的反馈。

二是处理虚假评论。不得在视频中展示虚假的评论或评分，这些行为不仅违反《广告法》，还会损害消费者的合法权益。

5.1.4 知识产权保护

保护他人的知识产权和防止版权侵权是"三农"短视频创作者必须特别注意的问题。知识产权包括版权、商标权、专利权等，涉及领域广泛，包括图片、音乐、视频素材、文字内容等。未经授权使用这些资源不仅违反法律规定，还可能导致侵权纠纷，影响个人或企业的声誉。

5.1.4.1 理解知识产权的基本概念

知识产权是一种无形资产，赋予创作者对其原创作品的专有权利。主要包括以下三种。

一是版权。指的是对文学、艺术和科学作品（如图片、音乐、视频）的原创性表达拥有的权利。版权保护创作者的原创作品不被未经授权的复制、传播或改编。

二是商标权。指的是对标识商品或服务来源的标志、符号或名称的专有权。商标用于区分产品的来源，防止混淆和仿冒。

三是专利权。指的是对发明创造的专有权利，涉及新技术或新产品的使用权。专利保护技术创新，防止他人未经许可使用。

5.1.4.2　版权侵权的常见形式

版权侵权是指未经授权使用他人版权作品的行为。对于"三农"短视频创作者而言，常见的侵权形式包括以下四种。

一是使用未授权图片。从互联网或其他来源下载并在视频中使用的图片，若未获得版权所有者的授权，可能构成侵权。

二是使用未授权音乐。在视频中使用音乐或音效，包括背景音乐、插曲等，通常需要支付版权费用或获得使用许可。

三是盗用视频素材。使用他人制作的视频片段或整体内容，无论是直接复制还是改编，都可能涉及侵权问题。

四是引用未授权文字。在视频描述、标题或内容中引用他人的文字作品，若未经许可，也可能触犯法律。

5.1.4.3　如何合法使用资源

合法使用资源是避免版权侵权的关键。创作者可以采取以下措施。

一是获得授权。使用他人的图片、音乐或视频素材等时，应提前获得版权所有者的授权。授权可以是通过购买版权、签订使用协议等方式进行。

二是使用公共领域的资源。选择使用已进入公共领域的资源（如版权过期的作品），这些资源不再受版权法保护，可以自由使用。

三是使用开源许可资源。充分利用平台提供的各种开源素材资源。

四是购买正版素材。从合法的素材供应商或平台购买版权明确的图片、音乐或视频素材等。正规平台会提供详细的版权说明和使用范围。

五是自制原创内容。尽量使用自己创作的内容，避免使用他人作品。合规的原创内容不仅符合版权法，还能增加个人品牌的独特性。

5.1.4.4　应对侵权纠纷

如果遇到侵权纠纷，创作者应采取以下措施。

一是及时回应。收到侵权通知函或诉讼通知时，应及时回应并进行必要的法律咨询。及时处理侵权问题对于减少法律风险至关重要。

二是寻求法律帮助。在处理侵权纠纷时，要寻求专业帮助。律师可以提供法律意见，帮助处理侵权纠纷并保护合法权益。

三是解决争议。与版权持有者或投诉方进行沟通，协商解决争议。争取达成和解协议，避免进一步的法律诉讼和损失。

5.1.5　直播和销售中的法律责任

快手平台上的直播销售行为同样受法律监管，在销售农产品时需要确保产品质量和食品安全。直播过程中发布的所有信息都需要具备法律依据，且不得虚假宣传或误导消费者。了解这些规定能够有效降低法律风险。

5.2　账号被盗后的处理方式

5.2.1　账号安全的重要性

作为"三农"短视频创作者，保证账号安全是首要任务。账号被盗不仅会影响内容发布和粉丝互动，还可能产生经济损失。因此，快手平台提供了多种方法来保护账号，及时发现并处理账号被盗问题。

账号被盗通常是因为用户安全意识薄弱或操作不当。如使用弱密码或长期不更改密码，导致密码被黑客轻松破解。此外，在不安全的网络环境下登录账户，如使用公共 Wi-Fi，也可能增加账号被盗的风险。钓鱼网站和恶意软件通过伪装成正规平台诱导用户输入个人信息，进而窃取账号。在多个平台使用相同的账号和密码，使得黑客通过某个被泄露的平台信息轻松攻破其他账户。

首先需要确定是否真的发生了盗号行为。以下是一些常见的账号被盗迹象。

一是无法登录账号。尝试登录时发现密码被修改，无法登录账号。

二是异常登录记录。在快手的安全设置中发现异常登录记录，尤其是来自不常用设备或位置的登录记录。

三是账号信息被修改。账号的昵称、头像、绑定的手机号码或邮箱被修改。

四是异常活动。发现账号发布了自己没有发布的视频或评论，或者与不认识的人互动。

最后，如果出现上述一项或几项异常情况，就要充分引起重视，及时确保账号的安全。

5.2.2　账号被盗如何锁定账号

在运营快手账号时，如果发现账号被盗，应立即采取措施保护账号安全，防止进一步的损失。以下是详细的步骤和方法，帮助您迅速锁定被盗账号。

方法一：通过绑定手机或邮箱找回账号

进入快手找回页面：打开快手 App，进入登录页面，点击"忘记密码"。

选择找回方式：选择通过绑定的手机号码或邮箱找回账号。

输入验证信息：输入绑定的手机号码或邮箱地址，获取验证码。

重置密码：输入收到的验证码，设置一个新的密码，并确保密码足够复杂，避免再次被盗。

方法二：联系快手客服

如果通过手机或邮箱找回账号不成功，可以联系快手客服，寻求帮助。

打开快手 App：登录账号，进入"我的"页面。

进入设置：点击右上角的齿轮图标进入设置页面。

选择帮助与反馈：在设置页面，找到并点击"帮助与反馈"选项。

联系客服：选择"联系客服"，根据提示选择问题类型，并详细描述账号被盗的情况，提供必要的账号信息和证据，如绑定的手机号码、邮箱、最近的登录记录等。

5.2.3　加强账号安全

在找回账号并锁定之后，为了防止再次被盗，需要采取以下措施加强账号安全。

5.2.3.1 设置强密码

一是使用复杂密码。设置一个复杂的密码，包含字母（大小写）、数字和特殊字符，长度至少为8位。

二是定期更改密码。避免长期使用相同密码。

5.2.3.2 启用双重验证

在快手账号的安全设置中启用双重验证，每次登录时需要输入密码和手机验证码，增加账号安全性。

5.2.3.3 绑定安全信息

一是绑定手机号码和邮箱。确保账号绑定了常用的手机号码和邮箱，以便在需要时快速找回账号。

二是设置安全问题。在快手账号"安全设置"中设置安全问题和答案，增加额外的安全保护。

5.2.3.4 定期检查账号活动

一是查看登录记录。定期查看快手账号的登录记录，确认是否有异常登录。

二是检查账号活动。定期检查账号发布的视频、评论和互动，确保没有异常活动。

5.2.4 预防账号被盗的措施

为了避免账号再次被盗，还可以采取以下预防措施。

5.2.4.1 提高安全意识

一是谨慎点击链接。不要随意点击不明链接，避免进入钓鱼网站。

二是不透露账号信息。不要在公共场合或不可信的环境中透露账号信息和密码。

5.2.4.2　使用安全软件

一是安装防病毒软件。在手机和电脑上安装防病毒软件，定期进行安全扫描，防止恶意软件侵入。

二是启用防火墙。在电脑上启用防火墙，防止未经授权的访问。

5.2.4.3　多平台同步管理

一是统一管理账号。在多个平台上使用相同的安全措施，统一管理账号。

二是定期备份数据。定期备份账号的数据，防止数据丢失。

5.3　如何清理"粉丝"

在运营快手账号的过程中，清理不活跃或不合适的"粉丝"对于维护账号的健康和保持账号的活跃度至关重要。通过清理"粉丝"，可以确保"粉丝"群体的质量，提高互动率，增强内容传播效果。以下是有效清理账号"粉丝"的详细步骤和方法。

5.3.1　为什么需要清理"粉丝"

一是提升账号活跃度。清理不活跃的"粉丝"，可以提高整体的互动率和活跃度。

二是维护账号形象。移除不合适或有害的"粉丝"，能够维护账号的社区氛围和品牌形象。

三是精准营销。保留真实且有价值的"粉丝"群体，有助于精准营销和内容推广。

5.3.2 识别需要清理的"粉丝"

需要识别哪些"粉丝"需要清理。以下是一些常见的需要清理的"粉丝"类型。

一是"僵尸粉"，即长期不活跃、不互动的"粉丝"。

二是"黑粉"，即频繁发布负面评论、恶意攻击或引发争端的"粉丝"。

三是广告号，即经常发布广告内容的"粉丝"。

四是机器人，即自动生成的机器人账号，通常没有头像、昵称怪异且无实际互动。

5.3.3 清理"粉丝"的方法

5.3.3.1 手动清理"粉丝"

手动清理"粉丝"是最基本且有效的方法，以下是具体步骤。

打开快手 App：登录账号，进入主页。

进入"粉丝"列表：点击"我的"页面，然后点击"粉丝"选项，进入"粉丝"列表。

筛选"粉丝"：浏览"粉丝"列表，点击"粉丝"头像，进入其个人主页，检查其活跃度和发布内容。

移除"粉丝"：在"粉丝"个人主页右上角点击"三点"图标，选择"移除粉丝"或"屏蔽粉丝"；确认移除或屏蔽操作，完成清理。

5.3.3.2　使用第三方工具

如果"粉丝"数量较多，手动清理可能会比较耗时，这时可以考虑使用第三方工具来辅助清理。

选择工具：选择一个可信赖的第三方工具，确保其安全可靠。

授权登录：根据工具的要求，授权登录快手账号。

批量管理：利用工具的批量管理功能，筛选并清理不合适的"粉丝"。

定期维护：定期使用工具进行"粉丝"清理和管理，保持"粉丝"列表的健康。

5.3.3.3　利用短视频平台功能

例如，快手平台本身就提供了一些功能，这些功能可以帮助管理和清理"粉丝"。

一是黑名单功能。进入快手 App，点击"我的"页面；进入"设置"，选择"隐私设置"；找到"黑名单"选项，添加需要清理的"粉丝"到黑名单中，禁止他们与您互动。

二是评论管理功能。进入视频页面，点击评论区域；长按需要清理的"粉丝"评论，选择"删除评论"或"屏蔽用户"；根据需要清理的"粉丝"类型，定期检查评论区，保持社区的和谐氛围。

5.3.4 清理"粉丝"的注意事项

在清理"粉丝"的过程中，需要注意以下四点，以确保操作的合理性和有效性。

一是避免误删。在清理"粉丝"时，仔细检查，避免误删真实且活跃的"粉丝"。

二是尊重隐私。在清理过程中，尊重"粉丝"的隐私和权益，不进行恶意操作。

三是定期维护。定期进行"粉丝"清理和管理，保持"粉丝"列表的健康和活跃。

四是优化互动。在清理"粉丝"后，通过互动、活动等方式优化与剩余"粉丝"的关系，提高用户黏性和忠诚度。

5.3.5 清理"粉丝"后的优化策略

在清理完"粉丝"后，可以采取以下策略优化粉丝群体，增强账号的运营效果。

一是发布优质内容。持续发布高质量的内容，吸引更多真实且有价值的"粉丝"。

二是增加互动。通过评论、点赞、回复等方式增加与"粉丝"的互动，增强用户黏性。

三是举办活动。定期举办抽奖、问答等互动活动，吸引"粉丝"参与，增加活跃度。

四是精准推广。利用推广工具，进行精准推广，吸引目标"粉丝"群体。

五是分析数据。通过数据分析，了解"粉丝"的兴趣和需求，优化内容和推广策略。

5.4 如何联系官方客服

联系短视频平台的官方客服是解决账号问题、反馈建议以及获取帮助的有效途径。以下以快手平台为例，详细说明联系官方客服的步骤和方法。

5.4.1 通过快手 App 联系官方客服

5.4.1.1 使用快手 App 内的客服功能

打开快手 App：登录账号。

进入个人主页：点击右下角的"我"图标，进入个人主页。

进入设置页面：在个人主页右上角，点击齿轮图标进入"设置"页面。

选择"帮助与反馈"：在设置页面中，找到并点击"帮助与反馈"选项。

进入"在线客服"：在帮助与反馈页面，点击"在线客服"选项，进入客服对话界面。

描述问题：在对话框中输入问题或需求，点击"发送"，等待客服人员的回复。

5.4.1.2 使用快手 App 内的反馈功能

打开快手 App：登录账号。

进入个人主页：点击右下角的"我"图标，进入个人主页。

进入设置页面：在个人主页右上角，点击齿轮图标进入"设置"页面。

选择"帮助与反馈"：在设置页面中，找到并点击"帮助与反馈"选项。

进入"问题反馈"：在帮助与反馈页面，点击"问题反馈"选项。

提交反馈：选择问题类型，填写详细描述，并附上截图或其他相关信息，点击"提交"按钮。

5.4.2 通过快手官网联系官方客服

访问快手官网：在浏览器中输入快手官网网址：https://www.kuaishou.com。

找到客服入口：在快手官网首页底部或"帮助中心"页面，找到客服入口或"联系我们"选项。

选择联系方式：根据页面提供的联系方式，如在线客服、邮箱、电话等，选择合适的方式联系官方客服。

描述问题：通过选择的联系方式，详细描述问题或需求，等待客服人员的回复。

5.4.3　通过社交媒体联系快手官方客服

5.4.3.1　使用快手官方微博

打开微博：在手机或电脑上打开微博，登录账号。

搜索快手官方微博：在搜索栏中输入"快手官方"，找到并进入快手官方微博页面。

私信客服：点击"私信"按钮，向快手官方微博发送私信，详细描述问题或需求，等待客服人员的回复。

5.4.3.2　使用快手官方微信公众号

打开微信：在手机上找到并打开微信 App。

关注快手官方微信公众号：在微信搜索栏中输入"快手"，找到并关注快手官方微信公众号。

进入公众号对话界面：点击进入快手官方微信公众号对话界面。

发送消息：在对话框中输入问题或需求，点击"发送"，等待客服人员的回复。

5.4.4　通过电话联系快手官方客服

5.4.4.1　拨打客服电话

查找客服电话：在快手 App、官网或社交媒体页面找到官方公布的客服电话。

拔打客服电话：使用手机或座机拨打快手官方客服电话，等待客服人员接听。

描述问题：在电话中详细描述问题或需求，客服人员会根据具体情况提供帮助和解决方案。

5.4.4.2 准备相关信息

在拨打客服电话之前，准备好与问题相关的详细信息，如账号名、绑定的手机号或邮箱、问题描述等，以便客服人员快速了解情况并提供帮助。

5.5 快手平台特有问题的处理技巧

5.5.1 内容审核不过的相关应对策略

在快手平台上，内容审核机制是确保平台生态健康和用户体验良好的关键环节之一。尤其是在涉及广告内容和产品推广的"三农"短视频中，平台的审核标准更加严格。创作者发布的内容如果不符合平台的相关规定，审核可能无法通过，这对推广计划和账号的正常运营都会产生影响。因此，了解审核未通过的常见原因，并及时采取应对措施，是每个创作者必须具备的能力。

当视频审核未通过时，创作者需要保持冷静，避免直接重新上传同样的视频内容。平台通常会在审核失败后给出明确的审核反馈，详细说明视频审核未通过的原因。这些反馈非常重要，因为它们指出了视频中的具体问题。创作者应该第一时间查看这些审核反馈，针对反馈内容进行调整和修改。"三农"视频内容审核不过，通常有以下五种常见原因。

5.5.1.1 发布内容不符合平台规则

这是视频审核未通过的主要原因之一。快手平台有明确的内容发布规则，包括禁止发布违法违规、低俗不雅、虚假广告等内容。比如，某些创作者在"三农"短视频中可能会过度宣传产品的功效，夸大其对健康的影响，或是未能按照广告法的要求进行合规标注。这类内容容易被平台认定为违规，从而导致审核不通过。应对这一问题时，创作者需要仔细回顾视频内容，确保所有宣传和描述都是真实、合规的，避免任何夸大或虚假信息。同时，可以参考涉及平台相关规则的文档或案例，确保视频符合最新的合规要求。

5.5.1.2 标题或描述中包含敏感词

在"三农"短视频中，创作者通常需要为视频设置引人注目的标题和描述，以吸引更多观众的关注。然而，有些内容在快手平台上被认定为敏感内容，如非法广告、政治敏感话题、极端言论或误导性描述等。如果标题或描述中不小心使用了这些敏感内容，视频审核很可能会失败。应对这一问题时，创作者可以使用敏感词检测工具或仔细阅读平台的标题、描述规范，避免使用任何可能引发争议的词汇。同时，可以通过优化视频标题和描述，使其既能准确概括视频内容，又不会触碰平台的审核底线。

5.5.1.3 涉及第三方知识产权

在"三农"短视频中，创作者常常使用一些背景音乐、图片或视频片段来丰富内容，增加观众的观看兴趣。但这些素材如果未经授权，可能侵犯第三方的知识产权，从而导致审核不通过。尤其是在推广农产品时，某些创作者可能使用了其他品牌的商标、图标或广告素材，但未获得相关授权。这种行为不仅会让视频审核不通过，还可能引发版权纠纷。创作者在视频中使用的所有素材都应确保合法合规，若无法确认素材的版权状态，建议使用平台提供的版权合规音乐库或购买合法的授权素材。

5.5.1.4 视频画质或音质不达标

快手平台对视频的质量有一定的技术要求，如果视频的清晰度不够或声音模糊，也可能导致审核不通过。尤其是在"三农"短视频中，很多创作者使用的设备较为简单，导致视频画面过于粗糙，或是背景噪声过大，影响了整体的观看体验。这时，创作者应重新审视视频的技术细节，确保拍摄设备有足够的清晰度，声音清晰、无杂音，在需要的情况下适当使用后期剪辑工具以提高画面质量。在视频发布前，可以使用平台的预览功能，检查视频是否符合平台的技术要求。

5.5.1.5 广告标识不规范

在"三农"短视频中，农产品推广常常以广告的形式进行。平台要求所有涉及商业推广的短视频必须在视频中明确标识"广告"字样，以保证观众能够清晰地辨别广告内容。如果视频中未能正确标识广告，审核很可能无法通过。创作者需要确保所有广告内容都符合平台的广告标识规范，避免误导观众。如果审核未通过，创作者应仔细检查视频中是否有涉及商业推广的部分，并按照平台的规定正确标识广告。

169

当创作者根据审核反馈找出问题所在并进行修改后，可以再次提交视频审核。在提交审核前，建议创作者仔细检查每一项可能引发审核失败的问题，确保视频内容完全符合平台的相关规定。如果平台没有提供详细的审核反馈，或者创作者对审核失败的原因感到困惑，建议联系平台的客服团队（可参照前文介绍的联系官方客服的方法），寻求更为详细的解释和解决方案。

5.5.2 视频限流和降权问题的处理

在快手平台上，短视频的曝光量突然下降，可能是由于账号被限流或降权。限流和降权会严重影响视频的观看量和互动效果，进一步影响账号的运营和农产品的销售。因此，及时找出原因并采取有效的应对措施，是确保账号正常运营的关键。

5.5.2.1 检查内容是否符合平台规范

当发现视频曝光量下降时，创作者应仔细检查账号及视频内容是否符合快手平台的最新规范和规则。平台对内容的审核标准较为严格，任何违反平台规定的行为都可能导致限流或降权。以下是具体的检查措施。

一是内容合规性检查。回顾近期发布的视频内容，确保没有涉及违法、低俗、虚假宣传或其他不符合平台政策的内容。特别是涉及农产品推广的视频，应确保宣传信息真实可信，不夸大产品功效，不违反广告法。

二是敏感词使用检查。检查视频的标题、描述和标签中是否包含敏感词。快手平台对敏感词的控制非常严格，某些词汇可能会被平台自动识别并导致视频被限流。建议使用平台提供的敏感词过滤工具或参考平台的敏感词列表，避免使用可能触犯规则的词汇。

三是广告标识检查。如果视频中包含商业广告内容，则必须明确标注"广告"字样。确保所有广告内容的标识符合平台的广告规范，避免因未标识广告而导致账号受限。

5.5.2.2 优化视频质量

视频质量的高低直接影响平台对内容的推荐和推广。低质量的视频可能会被平台认为不值得推荐，从而导致曝光量下降。以下是一些提升视频质量的具体措施。

一是提升画质和音质。确保视频的画面清晰、音频无杂音。要使用高分辨率的摄像设备拍摄视频，避免画质低和模糊不清的问题。如果需要，可以使用后期剪辑软件来提升视频的画面和音频质量。

二是优化视频内容。确保视频内容具有吸引力和相关性。"三农"短视频应围绕农业生产、产品推广等主题展开，内容应真实、有趣且有价值。可以通过提供实用的农业知识、展示农产品的生产过程或讲述真实的农民故事来增加视频的观看价值。

三是提升视频制作水平。在视频制作过程中，要注意细节的把控，如镜头的稳定性、剪辑的流畅性以及背景音乐的合理使用。一个制作精良的视频更容易获得平台的推荐和用户的喜爱。

5.5.2.3 增加用户互动

用户互动是提升视频曝光量的重要因素。高互动的视频通常会被平台算法优先推荐，从而获得更多的曝光机会。以下是一些增加用户互动的具体方法。

一是引导观众互动。在视频内容中加入互动环节，如提问、投票或鼓励观众在评论区留言。通过与观众的互动，提升视频的互动率，增加用户参与感。

二是及时回复评论。积极回复观众的评论，与观众建立良好的互动关系。及时回应观众的提问和反馈，不仅能提高用户的参与度，还能增加视频的互动量。

三是举办各类活动。定期举办与"三农"相关的各类活动如抽奖，以吸引观众参与和分享。这类活动可以有效提升视频的曝光率和用户互动量。

5.5.2.4 提升账号活跃度

账号的活跃度也是影响视频曝光率的重要因素。一个活跃的账号更容易获得平台的关注和推荐。以下是一些提升账号活跃度的具体策略。

一是规律发布内容。保持一定的发布频率，定期更新视频内容。创建发布日程表，确保每周或每月有固定数量的视频发布，以维持账号的活跃度。

二是多样化内容形式。除了发布常规的短视频，还可以尝试多样化的内容形式，如直播、问答或推出系列节目。这不仅可以吸引更多的观众，还能提高账号的活跃度。

三是数据分析和内容优化策略。使用平台提供的数据分析工具，监测视频的表现和观众的反馈。根据数据分析结果，调整和优化内容策略，以提高视频的曝光率和用户的参与度。

5.5.2.5 寻求平台支持

如果以上措施实施后限流或降权问题仍然无法解决，创作者可以主动联系快手平台的客服团队，寻求帮助。在提供详细的账号信息和问题描述后，客服团队通常可以提供具体的指导和解决方案。

5.5.3 直播间封禁与恢复的申述

直播间被封禁是快手平台上"三农"类销售直播中一个常见而严重的问题。封禁通常发生在直播内容被认为违反平台规则或法律法规时。了解封禁的具体原因，并采取有效的申诉措施，是恢复正常直播的关键。

5.5.3.1 确认封禁原因

当直播间被封禁时，创作者需要确认封禁的具体原因。快手平台通常会通过系统通知或邮件告知封禁的理由，包括但不限于以下三个常见原因。

一是违规推广。如果直播中存在未经授权的推广内容，或者创作者发布了违反平台规则的广告，可能会导致直播间被封禁。例如，未经审批的药品或保健品推广，或者虚假宣传产品效果。

二是违反《广告法》。根据《广告法》，所有商业广告必须真实、合法，不得虚假宣传。如果直播间中的内容涉嫌夸大产品效果或未标明广告性质，也可能导致直播间被封禁。

三是存在低俗或违法内容。使用不当的言语、展示非法活动或内容，或是涉及政治敏感话题等，都可能导致直播间被封禁。

5.5.3.2　收集相关证据

在确认封禁原因后，创作者需要收集相关证据，以证明直播内容的合规性。这些证据主要包括以下四种。

一是直播记录。获取直播间的完整录制视频或截图，展示直播中实际发布的内容。确保记录清晰，能够有效反映直播的实际情况。

二是相关授权。如果直播中涉及广告或推广内容，就要提供相关的授权文件或合作协议，证明推广内容已经获得合法授权。

三是平台规则。整理和展示平台的内容规则或广告规范，证明直播内容符合平台的规定。

四是法律依据。如果可能，则需提供相关法律法规的参考资料，证明直播内容的合法性，特别是涉及广告等方面的法律依据。

5.5.3.3　提交申诉

创作者在准备好证据后，可以通过以下步骤向快手平台提交申诉。

访问客服中心：登录快手平台的官方网站或客户端，找到客服中心或帮助支持部分。通常，平台会提供申诉入口或在线客服服务。

填写申诉表单：按照平台的要求填写申诉表单，详细描述直播间被封禁的情况，提供相关证据，并阐明请求恢复直播间的理由。确保申诉内容翔实，逻辑清晰。

上传证据：将收集到的证据上传至申诉系统。确保上传的文件格式和大小符合平台的要求，上传清晰的证明材料，以支持申诉请求。

等待审核：提交申诉后，平台通常会进行审核。这个过程可能需要一些时间，具体时间长短取决于平台的处理速度。创作者可以通过平台提供的渠道查询申诉进度。

5.5.3.4 应对申诉结果

申诉结果可能包括以下两种情况。

一是申诉成功。如果申诉被批准，直播间将恢复正常使用。创作者应及时查看平台的通知，确认恢复状态，并继续按照平台的规则进行直播。同时，要认真审视封禁原因，避免类似问题再次发生。

二是申诉失败。如果申诉被驳回，平台通常会提供详细的拒绝理由。创作者可以根据平台的反馈进一步了解问题所在，并考虑是否进行二次申诉或寻求法律援助。可以针对失败原因进行调整或整改，以符合平台的要求。

5.5.3.5 预防措施

为了减少直播间未来发生封禁的风险，创作者可以采取以下预防措施。

一是严格遵守平台规则。定期学习和了解快手平台的最新内容规范和广告政策，确保直播内容始终符合平台要求。

二是进行内容审核。在直播前，可以先进行内部审核，确保所有推广内容和广告都经过审查，并符合相关法律法规。

三是加强合规培训。对团队成员进行合规培训，确保每个参与直播的人员都了解并遵守平台的规定。

四是利用平台资源。积极利用快手平台提供的合规资源和工具，如内容审查工具和合规指南，帮助自己更好地管理直播内容。

　　通过以上步骤，创作者可以有效应对直播间封禁问题，快速恢复直播功能，并确保未来的直播活动合规合法。维护直播间的正常运营不仅有助于提升用户体验，也能保障账号的长期稳定发展。

参考文献

刘丹，刘可欣，张曼迪，2024. 媒介治理视角下对"三农"短视频下沉市场的思考：以"快手"平台为例 [J]. 传媒论坛，7 (16)：54-56.

张梦怡，张可，2024."三农"类抖音账号运营策略研究 [J]. 商场现代化 (16)：34-36.

张森，邓峰，2024."三农"短视频赋能乡村现代化：表现形式、内在逻辑与提升路径 [J]. 现代经济探讨 (7)：114-123.

郑嘉怡，2024. 乡村振兴战略背景下抖音平台"三农"短视频助力乡村经济发展机制研究 [J]. 中国商论，33 (14)：23-26.

中国互联网络信息中心，2024. 第 54 次《中国互联网络发展状况统计报告》[EB/OL]. (2024-08-29) [2024-09-15]. https://www.cnnic.cn/n4/2024/0829/c88-11065.html.

周茹，2024."三农"短视频赋能人民精神生活共同富裕 [J]. 农村经济与科技，35 (13)：165-168.

致　谢

本书得到了雷波县人民政府办公室张延龙先生、自贡市荣县就业创业促进中心徐曼女士、自贡市就业创业促进中心杨慧女士，以及四川轻化工大学颜锐、高彦芳、赖克林三位老师的大力支持。他们对家乡农产品的热爱，对乡村振兴的无私奉献，对"三农"短视频的制作和直播的钻研精神，鼓励着笔者在酷热难耐的2024年夏天顺利完成了本书的写作。